Z. ~~4462~~ . 2179  sorté

B

B

# PETITES
# OEVVRES
## MESLEES
### DV
### SIEVR D'AVBIGNE'.

*Le contenu desquelles se void és pages sui-*
*vantes la* PREFACE.

A GENEVE,

CHEZ PIERRE AVBERT,
Imprimeur Ordinaire de la Republi-
que & Academie.

M. DC. XXX.
*Avec permission & privilege.*

## L'AVTHEVR AV
### Lecteur.

LVSIEVRS diver-
ses occasiõs m'ont
excité aux Medita-
tions que ce Livret
vous presente, lesquelles sont
specifiees particulierement
en leur place ; mais il y en a
une generale qui m'a convié
à les faire paroistre au iour.
C'est que parmi les corru-
ptions de ce siecle les stupides
qui en leur ignorance affectee

n'ont penfees que terreftres, ou les efprits de vanité qui declament ouvertement contre la Parole de Dieu, la defcrient pour eftre d'un ftyle groffier, infectans d'un mortel defgouft les oreilles des Grands. Ce langage auffi plein de malice que d'orgueil ne fe pouvant combattre par difputes ni remonftrances, pource que les profeffeurs de l'Atheifme n'advoüent leur impieté qu'à leurs difciples & complices ; I'ay eftimé eftre à propos de faire voir comment parmi les ftyles les plus elabourés, & dans les difcours qui pour le moins font

pur-

purgez de barbarie, les passa-
ges de l'Escriture sont non
seulement comme un esmail
sur l'or, mais comme les pier-
reries exquises, & relevent le
langage le plus eslevé ; confir-
ment par axiomes, preuvent
par arrests du Ciel, illustrent
par exemples, & recreent les
esprits qui aiment Dieu par
ravissantes lumieres & parfaites beautez. Les escri-
vains, prescheurs, & haran-
gueurs plus renommés de ce
temps, n'ont point estimé de-
roger à leur eloquence, quelque diserte & affectee qu'elle
soit, lors que dans les chaires
& barreaux de Paris, comme

auſſi dans les Eſtats Generaux, ils ont allegué les au-
thoritez de l'Eſcriture, meſmes aux termes de la verſion.
vulgate, qui eſt telle que chacun cognoiſt : ſachans que
meſmes dans la rudeſſe de cel-
le-là reluit touſiours la Majeſté de celui qui prononce, &
la richeſſe qui n'a beſoin d'artifice, pour ravir à ſoi les yeux
de l'ame & l'admiration des
eſprits.

Vous ne treuverez ici au-
cune piccoterie de nos con-
troverſes. A une ſeule difference vous cognoiſtrez de
quelle Religion ie fais profeſ-
ſion. C'eſt que ie parle par unité

té à Dieu qui eſt un & ſeul, ne
pouvant m'accommoder à
dire vous eſtes Dieu. Ie ſçay
que l'on s'excuſe en la molleſ-
ſe des langues Françoiſes, An-
gloiſes, & Flamandes, ou autres imperfections qu'on fait
paſſer pour loi. I'ay pris plus
de gouſt aux Anciennes ha-
rangues faites aux Rois,&aux
poëtes de la volee de Ronſard:
(puis qu'il n'y va que du langage) Ceux-là parlans à tout
ce qu'ils ont voulu ſeparer du
vulgaire, ont pris les termes
maſles de l'unité : Et ſur tout
quand ils ont parlé aux Princes & à leurs maiſtreſſes,com-
me s'adreſſans à quelque cho-

¶ iiij

se de Divin , nous ont desploy-
yé leurs hautes flateries & vanitez,& leurs foles adorations
par le Toy , plus majestueux
que le Vous. Certes qui pren-
droit la loi du vulgaire, & les
mignardes flateries du temps,
on se lairroit en fin mener à
dire en choses sacrees, *Ie vous*
*baise les mains* , comme on l'a
escrit d'un prescheur Espa-
gnol. I'en dirois d'advantage
en un discours privé : c'est as-
sés que par cette Epistre ie
convie mon Lecteur à eslever
(en simplicité du langage de
Canaan ) ses pensees à Dieu:
au sein duquel y a propitiation , qui *se tient volontiers*

*pres*

Psau. 34.

*pres des cœurs desolez*, qui n'oublie iamais la clameur de ceux
qui le supplient, qui ne souffre point iustice estre foulee,
& en qui seul aux temps calamiteux se trouve con-
seil, & consola-
tion.

# AVX CRITIQVES.

COrrecteurs ie veux bien apprendre
De vous, ie subiray vos loix
Pourveu que pour me bien entendre
Vous me lisiez plus d'vne fois.

z

INDI-

# INDICE DV
## CONTENV ES ME-
### DITATIONS DV
### Sr d'Aubigné.

# VERS MESVRE'S.

Canti-

# INDICE.

## L'Hyver
# DV Sr D'AVBIGNE.

# INDICE.

‹‹‹‹‹›››‹‹‹‹‹‹‹‹‹‹‹‹‹‹‹‹‹‹‹‹‹‹‹‹

# TOMBEAVX.

# INDICE.

OCCA-

## OCCASION ET ARGV-
### ment de la Meditation faicte
### sur le Pseaume 133.

E Roy Henri IV. ayant de-
siré au Baptesme du Dauphin,
& autres enfans de France,
quelques entreprises de paix,
sur tout en ioustes, carousels,
& en combats de pied à la bar-
riere, avoit envoyé querir nostre Autheur pour
en ordonner; mais le conseil du mesnage ayant
faict espargner cette despence, le Sr d'Aubigné
lui donna une meditation sur le Pseaume 101.
laquelle il n'a peu tirer des coffres, comme la
suivante. Il fut adverti par l'Abbé d'Elbene, que
le Roi ayant faict lire cette piece à son coucher,
Cotton avoit remarqué que le style sentoit un
esprit tousiours prest à declamer contre les vices, & qui ne se plaisoit point aux loüanges;
l'Abbé ayant eu pour response, que le siecle
donnoit bien plus d'arguments pour les premieres que pour les secondes; & d'ailleurs qu'il
faloit avoir esgard à ce Pseaume, qui traittoit de
chasser les vices de la famille & de la Cité. Depuis le Roy mesme ayant convié l'Autheur, à

A

monſtrer qu'il depoſoit bien quelquefois l'humeur cynique , à faire quelque piece ſur les
douceurs de la paix, cette-ci fut choiſie , où il y
a des choſes qui ſentent la contrainte,& quelque difference en l'uſage de la liberté.

### PSEAVME 133.

1. *Voici, ô que c'eſt choſe bonne, & que c'eſt cho-*
*ſe plaiſante , que , freres s'entretiennent , meſmes*
*enſemble.*

2. *C'eſt comme ceſte huyle precieuſe , eſpan-*
*due ſur la teſte, laquelle decoule ſur la barbe d'Aa-*
*ron, &, qui decoule puis apres ſur le bord de ſes ve-*
*ſtemens.*

3. *Et comme la roſee de Hermon , & celle qui*
*deſcend ſur les montagnes de Sion : car l'Eternel a*
*ordonné benediction, & vie à touſiours.*

# MEDITATION SVR
## le PSEAVME 133.

### O combien eſt plaiſant.

VOICI le ſouverain Bien de la vie humaine , ce qui ſeul en elle peut eſtre
nommé agreable , & le plus excellent
de tous les ſouhaits : mais le *voici* (qui eſt à dire) preſent de lieu, & point ſubiect aux termes
que demandent les mauvais payeurs, ni aux de-
lais de l'impuiſſance: Celui de qui vient toute
bon

bonne donation, qui a tousiours present & le pouvoir & le vouloir, a rendu nos desirs abregez, nous contente, & dit *Voici.*

C'est de voir convenir comme freres ceux qui cognoissent un mesme pere, voir unis par la concorde ceux qui le sont par les loix & par obligation de nature, par communauté d'heritage, & par le doux ioug de la patrie, voir habiter ensemble ce que le diable avoit & voudroit encores espars;les cœurs qui ont esté si contraires, eschauffés de mesmes desirs, & les esprits qui ont conspiré choses repugnantes,unis à pareils desseins.

Il n'est point ici question de feindre un amour fabuleux, ni une vaine deité conciliatrice dés accords discordans. Vous ne verrez point ici le fils de Pore & de Penie employé à rejoindre l'Androgene separee par le couteau de l'absence, en portant à l'une & l'autre nature la reunion qui mit le ciel en ialousie. Arriere les fables de nostre verité;il ne faut plus cercher d'ombres,puis que nous recevons du Pere de lumiere le thresor de la clarté : mais bien plus utilement que les poëtes & les peintres descrire & despeindre les fruicts de la concorde terrestre, arrhe de l'amour du Ciel, gage de cet estat parfaict, & du souverain Bien qui nous est promis en la bienheureuse immortalité.

*Que beaux sont les pieds de ceux qui portent la* Esa. 52. 7. *paix*,leur face est plaisante à voir,le son de leur propos est plein d'harmonie, leurs esprits ne respirent que des haleines douces, on ne cueil-

le que fleurs agreables & fruicts delicieux en
leur frequentation.

C'est la paix heureuse de la Chrestienté, car
comme par contagion nous avions esmeu toutes les veines de l'Europe, aussi sont elles racoi-
sées, quand nostre paroxisme s'est appaisé. Tres-
heureux ce Royaume, où cette paix habite.
Depuis neuf annees, la France, comme eston-
nee de son bien, ne se peut souvenir d'avoir
dormi un si long sommeil sur son lict paré de
fleurs de lis. Depuis le sceptre de Pharamond
elle a porté les mesmes douceurs à la Province,
à la Ville, à la famille, & en fin à la personne
particuliere qui ne sent point de guerre entre
ces qualitez; en mesme temps que le sang du
Royaume n'est plus escumeux pour aigrir la
pituite, la melancholie ne ravale point le fle-
gme: l'estomac de ce grand corps prenant bonne part de la chaleur qu'il lui faict partager, &
distribuer avec iustice son chyle à toutes les
extremités: mais sur tout le cerveau non in-
fecté n'affecte les parties basses de ses intempe-
ries, & les meteores qui en naissent se convertissent en rosees, ne congele point de gresles, &
ne laisse point de sujets ni pour les manies de
ce qui commande, ni pour les catharres de ce
qui est commandé. Cette annee, qui est, en sa
felicité sur toutes les parties & sur toutes choses tant generales que particulieres, tesmoignage le plus exquis des graces de Dieu, preuve
que la paix est faicte avec nous, qu'il a *lasché les
prisonniers d'Israël*, & que nos pechez sont remis,

mis,comme la guerre est marque infaillible de
sa presente fureur. Telle benediction a esté ac-
comparee au baufme de haut prix qui s'espan-
doit sur la teste du grand Sacrificateur, distil-
lant des cheveux sur la face, d'elle espandu sur
les poils de la barbe venerable, sur l'estomac,
sur l'Ephod,& en fin passant de la ceinture iusques aux extremitez de la tunique.

Ce type & sacrement de la grace du S.Esprit
arrousoit premierement la *teste:* parce que le
Roi,qu'elle represente, partage en fils aisné de
Dieu, cueille les premices des douceurs de la
paix,qui lui donne,dés le iour de sa naissance,le
sommeil sans tressauts,les plaisirs sans frayeurs,
les viandes sans amertume & sans soupçon.

Et c'est bien raison que celui qui a le premier
savouré par prevoyance les angoisses des guer-
res,duquel le soin a devancé le soin de tous les
autres,en mesme ordre participe à la mutation
desiree, & au salaire des labeurs.

Cóme aussi apres lui les parties plus hautes,
qui ont senti les orages à mesure de leur eleva-
tion,reçoivent à leur rang le doux air souhaitté,
la precieuse liqueur,en parfumant la *barbe* venerable.

Ce qui s'espanouit vers les *espaules*, figure
les offices divers, par lesquels cette teste com-
munique ces richesses coulantes & non preci-
pitees sur cet Ephod,dans lui & avec lui sur les
douze noms des Provinces: les douze pierres
precieuses les denotent, sont cóme le thresor a-
massé de toutes les tribus, qui à toutes retour-

nent iufques à la parfaite diftribution, tant que
le peuple bas en ait fa portion:ce qui eft marqué
en ces paroles,*Iufques au bord du facré veftement.*

Encore pouvons-nous marquer cóment cette liqueur paffant fur l'Ephod fait fouvenir les
douze tribus des beneficences , & entre toutes
de la prife de poffeffion de Canaan. Et la France, imitant les douze lignees , a voulu eftre fe-
paree en douze Provinces foubs douze Pairs.
Doit avoir en l'eftomac,en la place de l'Ephod,
la mefme obligation du paffage de Payen au
Chriftianifme qu'ont receu les Hebreux au tra-
verfer du Iordain.Et on demande,Pourquoi les
douze choifis des lignees, comme douze Pairs,
ont porté les douze pierres , chacun la fienne
pour fa tribu?C'eft en recognoiffance & hypo-
theque perpetuelle du bienfait receu. Le Iordain, comme un' archiue inviolable , garde ces
tiltres pour les produire au grand iour à faire le
procés à ceux qui auront oublié ou mefusé de
la delivrance.

Oferions-nous point approprier aux chofes
fufdites le Baptefme en la place du Iordain, où
S.Iean l'exerça,& où Noftre Seigneur le voulut
recevoir? En ce fleuve facré confiderer les douze Apoftres comme les douze Pairs de l'Eglife,
& mefme leur voir configner au fond de ce Iordain les douze pierres & les douze articles de
noftre foi,felon ce qu'il a pleu à quelques bons
Peres,cóme les douze pierres precieufes & fon-
damentales de la bonne Ierufalem;puis de mefmes gemmes,voüees aux douzes portes,porter

le

le pectoral de souvenance & iugement, qui est
Vrim & Thummim, pour l'attacher sur nostre
sein, & au dedans de nos cœurs?

Or est-il à considerer, qu'en la confection de
cette liqueur celeste, le chef seul à qui il appartient d'offrir la Myrrhe, contribue d'un tiers, a-
sçavoir de cinq cens sicles, & emporte seul autant que l'Eglise & la Noblesse : au premier desquels nous appropriós la cinnamome, & à l'autre le roseau aromatique : pour portion des peuples nous laissons la Casia de mesme poids.

Mon lecteur prene en bonne part un partage
que ie fai ici sans authorité expresse de l'Escriture, pour en tirer quelque doctrine, & des con-
sequences propres pour convier à leur devoir
ceux que nous ne pouvons y contraindre.

Nous posons que la tiare soit le type du Roi;
& laissons encore pour lui, les yeux, & le front;
le reste du visage, la barbe, & le col nous represente l'Ecclesiastique ; les bras & la ceinture, où
doit pendre l'espee , seront pour la Noblesse;
les iambes & les pieds nous signifient le peuple, par lequel toutes les autres parties sont portees ; desirát qu'au prix que chaque partie prend
part à la douce liqueur des benedictions , qu'-
aussi elle contribue à la veritable confection
du bien public.

Ainsi à la tranquillité publique donnét les bós
Rois leurs veilles, leur soin, les premiers mouve-
més des traictez ; & dónét pl' que cela, les offéses
receuës, les reproches des moindres, & les blas-
mes voire iniustes, recevás du mal par ceux pour

le falut defquels ils s'employent fidelement; ils
contribuent la victoire de leur cholere, leurs
vengeances, qui peuvent s'appeller iniuftices,
l'efloignement de leurs plaifirs, & abbaiffent
leur grandeur vers terre en s'eflevant vers le
ciel, avec cette refolution qu'au peuple & aux
enfans il faut faire du bien par force, & fans e-
fpoir que la charité qui defcend puiffe remon-
ter en haut.

*L. is qui*
*in pote-*
*ftate. §.*
*ult.*
*l.1.§.pro*
*fecúdo ve-*
*ro ordine*
*C.de Ca-*
*ducia toll.*
*l.ult.*
*l.10. de*
*reg. iur.*
*eap. qui*
*fentit.*

Ainfi les Rois fatisferont aux loix Divines
& humaines; defquelles nous apprenons, que
celui n'eft point à fupporter qui afpire aux commoditez, & fe fouftrait aux charges; & puis
c'eft felon nature, que les commoditez & in-
commoditez foyent obligees l'une à l'autre
que qui fent le fardeau, en tire le commode, &
au contraire.

Cefte myrrhe, de laquelle la finguliere pro-
prieté eft d'empefcher les pourritures, de faire
mourir les vers dés leur creation, reprefente la
prudence des Rois, qui par le foin de faire exer-
cer la iuftice empefche les amas des humeurs
corrompues des infections populaires, & ap-
plication à mauvaifes mœurs, caufes de la pu-
trefaction & corruption des Eftats.

Par ce moyen comme les Tyrans font devenir les corps vivants des charognes d'Eftat: les
Rois, qui en font peres, d'un Eftat qu'ils trouvent en pieces & en charognes font refleurir
un corps plein de vie, & un Royaume triomphant.

A ces reftaurateurs, & non aux autres appartient

ent de dire avec David, *Quand i'aurai accepté* Pse. 75.3.4.
*assignation, ie iugerai droitement.* *Le pays s'es-*
*uloit, & tous ceux qui habitent en icelui: mais*
*ai affermi ses piliers*; ou bien, *Ie veux tenir la* pf.101.
*oye non nuisible,* *Quand tu viendras me rendre*
*oi paisible*, & ce qui suit de ce Cantique excel-
ent.

C'est apres aux Ecclesiastiques, irreprocha-
les & de bonne odeur en toute leur vie, à sa-
rifier prieres à Dieu, à conferer leurs remon-
trances & exhortations aux Princes pour la
paix publique,& par l'exemple de leur probité
aramener les parties esgarees à la recognoissan-
te & observation de leur devoir.

Le Noble y contribue son sang; & faut que
l'amour de sa patrie lui face avaler doucement,
que lui,qui sert au corps de bras, envoye toute
la graisse au ventre , & mesme aux parties qui
n'ont part à son honneur, n'ayant pour son partage que l'employ de sa vertu , l'exercice de
leurs espees & de leurs lances; & le Calamus,
que nous leur attribuons, est comme une lance
garnie au haut d'une banderole.

De muscles & de nerfs est estoffé le peuple
bas,auquel il seroit mal seant de se plaindre,
d'avoir si rude la peau de dessous les pieds, es-
sayer de l'esgaler à la delicatesse de celle des
paupieres. Le peuple doit estre content de participer en son ordre à ces odeurs excellétes; car
bien qu'il porte tout,si est-il le dernier qui contribue au soin du public, & la partie de dessous
les pieds est la plus eslognee du peril.

Il n'appartient pas aussi aux bords du veste-
ment, & à ses doublures, de vouloir estre de
mesme estoffe que la tiare. Bié peut l'extremité
de l'habit se plaindre s'il y a des plis traversans,
& des foulures (qui sont les schismes, sectes &
divisions) qui empeschent l'estendue de la
distillation salutaire en toutes les parts où elle
est requise, ou si les tignes & les vers les desga-
stent. Mais la Myrrhe, comme nous avons dit, y
porte un remede souverain.

Pour seconde comparaison d'un Estat, ou
d'une compagnie heureuse, l'Esprit de Dieu
nous donne une montagne, & ne choisit pas
un orgueilleux Basan, ni ces roches cornues
qui passent la region moyenne, pour de leur
front endurci rompre & troubler les exercices
des nues, qui deffigurent la rondeur de la terre,
propres seulement à donner dommage sans
profit, & l'effroi sans plaisir.

Mais au lieu de ces montagnes steriles, il
choisit les collines de _Sion_ & de _Hermon_, par
tout vertes, utiles par tout, & agreables: ces
monts vont recevoir doucement les faveurs de
la pluye non precipitee. Et comme le poil _de la
barbe d'Aaron_ faisoit _decouler_, & non tomber
par tuyaux la precieuse liqueur; ainsi d'herbe en
herbe, de branche en branche se reçoit l'humeur nourissiere par les terres plus basses. Le
coupeau, qui est le Roi de cette montagne, reçoit le premier coup de ces pluyes, les cháge en
rosees, & par sa ródeur bié formee les distribue
esgalemét. Ce qui est le propre des bós Rois, de
garder la proportion harmonique, seló laquelle

depart pl⁹ de nourriture parmi les arbres pl⁹
stédus, ou qui ornét de plus gráds fueillages, ou
qui enrichissét de plus de fruits; & aussi que seló
la capacité de leurs rameaux peuvét prédre du
Soleil la vertu attractive, & de là les racines pl⁹
estendues sont capables de succer & d'attirer.

Mais ceux qui au lieu de faire degoutter leurs
biensfaits, les precipitent sans raison, font d'un
costé des secheresses, & deluges de l'autre; eny-
vrét les uns, alterent les autres. Ceux-là sont pareils à ces roches de Basan, steriles en leur haut,
caverneuses au milieu, & qui ont les pieds en
quelque marest puant. Le Ciel caresse ces testes
seiches de gresle au lieu de pluye, les embrase
au lieu de les eschauffer: leurs fronts servent de
quintenes aux orages & choleres de l'air: ce qui
eschappe en terre fait, non des arrousemés, mais
des ravines, playes & balafres à la terre : Là les
insolences des nues despoüillent la terre, & la
desnuét iusques au roc, cóme iusques aux os, &
en fait l'infertile habitation des lions, des ours
& des loups: les neiges qui roulét furieusement
dás lé plus bas, réversent les logettes des pastres.
Telle montagne n'est point blanche de troupeaux de brebis, mais de glaçós; le chef en est in-
accessible, le milieu perilleux, & le fóds obscur,
banni pour iamaïs des clairs rayons du Soleil.

O douce *Sion*! ô *Hermon* agreable! heureuse compagnie de ceux le Roy desquels a accez aux choses hautes pour les digerer & distribuer! Le milieu a accez au Roy, & de qui
le pied, par la faveur des branches qui le
couvrent, est à l'abri des tempestes.

Ces arbres portent des fruicts agreables, côme font les conseillers des Rois: les forts couvrêt la naissance des foibles arbrisseaux : les plus hauts establissans & garantissans les loix du pays, & les autres s'opposants par leur vertu à celle d'un conquerant ennemi.

Nous avons veu la pratique de telles choses en ce Royaume affligé ; la prodigalité, sous le voile de liberalité, precipiter par orages, non les fleuves, mais les torrents des bienfaicts, lesquels estouffoyent le trop de terre grasse poussée en un seul lieu; & mesme par abondance faisoyent mourir les plantes trop favorisees, comme font les arbres enterrés au dessus de leur nombril, en rendant le reste desnué iusques aux moëlles.

Le Ciel au lieu de pluyes primeroges pour enfler les bleds, les versoit à regret & à contresaison ; & iustement courroucé du mauvais usage de ces presents, ne prodiguoit que calamitez : les vents & foudres de diverses factions, qui s'entrechoquoyent en cette montagne, ont mis les plus exquises beautez de nature à morceaux & en cendres. Nous pouvons dire comme ceux qui navigent sous la ligne, que ce qui tomboit du ciel enlevoit la peau, & causoit le scorbut. C'est de là que nous avons veu les palais changez en masures, les galeries de Fontainebleau en estables, les iardins en pasturage, les fontaines en soüil de pourceaux ; & la Sale du Louvre en gibets.

Si auiourd'hui nous voyons un Estat mesprisé

é iadis pour sa pauvreté ; maintenant redouté
pour ses thresors : si nous voyons nos masures
elevees en palais admirables, nos deserts chan-
gés en paradis terrestres; ce que les estrangers &
regnicoles regardoyent avec horreur & en se
bouchant la veüe par leurs sourcils refroncés,
maintenant ils le contemplent ravis d'admiration & de volupté, non sans tourner les yeux en
haut : disons que les Princes n'ont pas seulement faict la paix ensemble, mais que le ciel l'a
fait avec eux, & avec nous, & ne nous fait plus
sentir que des rosees, & ne fera tant que nous
aurons paix avec Dieu.

De ces rosees (laissans à part la cause des causes) l'efficiente est le soleil; la matiere, l'humidi-
té enclose en la terre; la forme, l'attraction &
discusion ; la fin, la distribution generale de
l'humeur necessaire à la generation par les parties moyennes & hautes.

Vous diriez que le soleil est un grand Prince souverain, qui tire ses tributs du peuple bas
par ces voyes ordinaires, & depart les richesses
(autrement inutiles en ses cabinets) pour les
employer à la nourriture des beautés eslevees, à
la decoration, & mesme à la defense des quali-
tés louables, gardant en tout & par tout sa
proportion harmonique, à la splendeur de ses
Princes, à la solde de ses vaillants, & plus que
tout aux aumosnes du pauvre, & au secours de
l'affligé.

Or comme les benedictions spirituelles
sont non seulement principales, mais celles

qui meritent ce nom, toutes nos doctrines do
vent tendre directement à ce qui est de la gloi
de Dieu, nous tournerós toutes ces similitud
à leur vrai but, cómençans par là, Que l'origin
des faveurs du ciel qui descoulent sur nos tesf
agit premieremét en nos cœurs. Le premier pr
fent est la contritió pour nos pechez : le mesm
Soleil de grace qui la dóne, l'exhale par le hau
Soleil : nos larmes sont perles precieuses devar
la face de Dieu, qui retombét sur nous en rosée
en presents agreables du ciel. C'est ce qui excit
les vœux & les souspirs de l'Eglise en terre, voi
re de chaque mébre en particulier ; Dieu nou
donnát, comme on donne les pommes aux enfans , qu'on leur redemáde puis apres pour e
prouver leur naturel. Ces choses, di-ie, mótee
par attraction dans le ciel , sont de là renvoyee
en riches benedictions pour en arrouser & ten
dre fertile l'heritage du Souverain.

Et comme les richesses des peuples ne mon-
teroyent point au thresor du Prince s'il ne les e
xigeoit par voyes accoustumees : les pensees qu
se convertissent en loüanges à Dieu , croupi
royent & pourriroyent dans les vallees & cachettes de nos cœurs , si le Soleil de iustice ne
les venoit cercher, esmouvoir, & eschauffer. Te
est le soin sans soin de l'Esprit vivifiant.

Or voila la paix du ciel avec nous , de nous à
lui, durant laquelle le commerce va libremét, la
charité monte & descéd : (ce qui n'arrive pas sur
les sables d'Afrique, où il ne pleut point) ou bié
cette correspondance discontinue entre le ciel
&

& nous, quád nous ſommes en guerre avec lui: lors les chemins ſont fermés à la communica-ion, fors aux armees d'enhaut, qui ſe font faire place pour ruiner, deſtruire, & rendre la terre en cendre deſſous un ciel d'airain.

Ayant eſté exprimé par deux tableaux quelles ſont les benedictiós celeſtes ſur les benits, nous pouvons par conſequence des cótraires remar-quer les maledictions qui pendét ſur la teſte des cœurs rebelles à Dieu, & ſur tout ſur les boute-feux & ſemeurs de diſcorde, ſoit dás les Royau-mes & Provinces, ou dans les familles, ſoit en la conſcience d'un chacun particulier: voir ce que prepare le Ciel aux *peſtiferes oppreſſeurs*, qui *Pſe. 91.* ſolicitét les carnages, & ſót inſatiables de ſang.

Nous avons à nous eſcrier ſur eux aux termes que nous donne noſtre premiere figure de feli-cité: qu'au lieu de participer au ſainct bauſme & parfum de benediction, ils n'ont à attendre d'enhaut que la pluye de Sodome. On leur ap-pliquera les ſentences qui s'enſuivent.

*Ils ont rendu mal pour le bien. Depuis qu'il a aimé* *Pſ.109.5.17.* *malediction, qu'elle l'envahiſſe; & pource qu'il n'a* 18. *point pris plaiſir à la benedictió, qu'auſſi elle s'eſloi-* *gne de lui. Il a aimé le mal-encontre, qu'il en ſoit* *veſtu comme de ſa robbe, & qu'elle entre dans ſon* *corps comme eau, & comme huile dedans ſes os.*

Voila un autre veſtemét, & un autre liqueur, q̃ celle d'Aaron, pour les ennemis de paix. Toutes les autres foudroyátes menaces ſót de par Dieu le ſalaire des œuvres de nos adverſaires, qui ont *perſecuté celui que tu avois frappé, & font leurs cótes* *Pſ.69.28.2.* *de la douleur de ceux q̃ tu avois navrés; & qu'ils n'é-*

trent point en ta iustice. Qu'ils soyët effacés du livr
de vie,& qu'ils ne soyent point escrits avec les iuste

Et pour la seconde image de bonheur, il n'e
pas raisonnable que les ennemis iouyssent de
douces rosees de Sion; & que quand les *costau*

Ps.65.
*& montagnettes* , produiront apres les belle
fleurs, les bons fruicts,& sembleront *resiouyr*
*leur chants, Et montagnes & champs* ; que les ma
lins ayent part à la ioye publique des bienheu
reux; mais c'est à eux à grincer les dents, voyan
que Dieu greslera d'enhaut leurs vignes toute

Levit.26.19
prestes: c'est à eux pour qui la *terre sera de fe*
leur *ciel sera d'airain:*

> *Ciel, qui au lieu de pluye envoye sang & poudre:*
> *Terre, de qui les bleds n'attendent que le foudr*
> *Vous ne semez que vents en steriles sillons,*
> *Vous n'y moissonnerez que volans tourbillons,*
> *Qui, à vos yeux transis, folle & vaine Canaille,*
> *Feront pirouëtter les espics & la paille.*
> *Ce qui en restera, & deviendra du grain,*
> *D'une bouche estrangere estourdira la faim.*

Esa.52.7.
On ne leur dira pas *beaux sont les pieds* , & c
qui s'ensuit; mais leurs talós seront plus beau
que le visage , leur despart plus beau que leu
rencontre : on leur dira Bon-iour à regret , &
l'Adieu de bon cœur, voire le dernier: & en fi
l'officier de la discorde aura pour son eloge:

> *Où marche le meurtrier des siens & de soi mesm*
> *Portant sa mort au front, livide, pasle & blesme*
> *Il est, au lieu de fer, armé de trahison,*
> *De dureté brutale, & lasche perfidie.*

Sach

*Sache le boutefeu, que parmi l'incendie*
*Rien n'est si tost bruslé que l'infame tison.*
Or soit *leur partage en l'estang de feu & souffre vif.*   *Apoc. 21. 8.*

Nous revenons à la troupe blanche, & n'avons plus que la conclusion, qui dit que *cette assemblee heureuse, Sent du Seigneur la faveur pläturense.* Ce qui à fait designer le mot *d'assemblee* ou d'Eglise, c'est cette particule *L A*, qui se rapporte à Sion, & par consequent à la troupe des enfans de Dieu.

Ces benedictions se peuvent bien appliquer à plusieurs sortes de compagnies, mais plus particulierement & veritablement à l'Eglise, & aux familles de l'Eglise: car le Prophete en reserrant cette beatitude à Sion designee par *LA*, en frustre privativement Moab, & Amaleh, &c. Et encores sont incapables de cette faveur les orgueilleux rochers qui se treuveroyent proche de Sion, d'autant qu'ils eslevent leurs testes trop haut, & ne sont susceptibles que des injures qu'ils reçoivent par les meteores. Ceux là mesmes sont cailloux endurcis, propres à ietter du feu & non à recevoir l'humeur favorable qui passe dessus.

Encor pouvons-nous remarquer comment en la consecration & sanctification d'Aaron, on lui ognoit le mol de l'oreille, le pouce de la main droitte, & l'orteil du pied droit, du sang qu'avoit tendu le mouton des consecrations. C'estoit pour fournir à toutes les parties du partage que nous avons deduit. A l'oreille qui unit les fonctions internes & externes du cerveau, celles du   *Levit. 8. v. 24*

B

Roi & de son conseil, est besoing que le Ciel be-
nisse tant pour les intelligences des mysteres &
secrets de Dieu, que pour celles des afflictions,
& requestes du peuple. La mesme faveur necessaire à la main droite pour soustenir ces nobles
parties,& mettre à bien le succés de leur actiós.
A l'orteil du pied droit pour la partie inferieure
tant pour la fortifier à porter les fardeaux & travaux,que pour la dilection de ses voyes à salut.
Ce champ nous fourniroit plus d'allegories a-
greables si la moderation ne nous commandoit
d'en user sans abus.

　Mais la derniere clause,excellente sur toutes,
est la duree de cette felicité *pour iamais.* Ce que
les hommes ne se pouvans promettre en cette
vie,à cause de leurs pechez,il faut passer de l'ombre au corps,& de l'image à la chose;&dire que
cette concorde & union eternelle ; qui sera entre les benins,entre les enfans de paix,durera en
toute perfection au siecle à venir.

　Goustons ce mot *d'Eternité,*qui nous est entierement incomprehensible. Ce terme acheve
de tous points le desespoir des damnez , ausquels on dit,

> *Mais n'esperez-vous point fin à vostre souffrance?*
> *Point n'esclaire aux enfers l'aube de l'esperance;*
> *Transis desesperez,il n'y a plus de mort,*
> *Qui soit en vostre mer des orages le port.*

Tout au contraire ,c'est en quoi se pasment en
leur extase les benits du ciel , qu'en un aise tant
incomprehesible, il n'y ait ni excés, ni manque,
ni diminution,ni alteration,ni achevement.

Heu-

Heureux donc le troupeau sainct & esleu pour une telle successiõ! Tres *heureux le lignage Que* Ps.33.147. *Dieu en partage Christ & retient! Tous peuples du monde habitable, N'ont pas un traictement semblable.*Car tous les Royaumes de la terre apprenent par leurs lassitudes, dõmages, & mutuelles peines à former quelque paix, mais suiette aux inexecutions, aux prompts changements, & bien souvent à cacher sous les Oliviers les Orties & les Aconites: n'y ayant que la paix en l'Eglise, de laquelle on puisse dire absolument. *Voire pour iamais ne mourir.*

Baisons donc les pieds qui nous apportent la tranquillité, la main qui nous presente l'olive; Brisons le poing qui nous apporte le flabeau de ruine; Gardons-nous des distinctiõs qui font l'extinction des zeles, qui allument les fureurs: ne mesprisons aucuns de nos freres, ni pour sa petitesse, ni pour estre le dernier: ayans souvenance que Ioseph condamné à mort, vendu, emprisonné, chassé aux pays des aulx & des oignons, nous peut un iour distribuer le pain, les douceurs du miel & du laict.

Estimez & attendez, François, d'une tribu, & que vous avez veu de la personne sacree qui regne sur vous à ioye; que la force des Caïns ne vous eschauffe point sur Abel. Si vos freres ont quelque songe different des vostres; si Iacob les distingue de quelque livree, ne vendez pas Ioseph aux Madianites bazanez: ioinct que c'est luy qui de la fosse, & de l'exil a redonné la vie à ses freres.

B ij

Gardons nos mains, & nos penfees d'enfanglanter fa robbe : car il la faudroit reprefenter
au Pere au iour efpouvantable de fon dernier
iugement.

## OCCASION ET ARGV-
### ment de la Meditation faicte
### fur le Pfeaume 84.

V N grand Seigneur du Royaume de France, plus eflevé encor en merites, qu'en
extraction, fe complaignant aigrement
& familieremét à noftre Auteur, entre plufieurs
afflictiós, des deux qui s'enfuivent; La premiere de la grande ingratitude que les Grands, les
Republiques,& les peuples rendent à ceux qui
font litiere de bien & de vies, pour s'employer
aux affaires publiques,& par leurs labeurs fte-
riles, & par leurs perils mefprifés, s'oppofent
aux malheurs & ruines qui menacent leur parti; L'autre, de ce que nul ne peut s'eflever par fa
vertu(quoi que ce foit par les bonnes voyes)
qu'ils n'encourent les envies, & la haine de
ceux mefmes, foubs qui, & pour qui, ils s'employent,& ne foyent tous les jours, au peril du
precipice, à mefure de leur eflevation ; Ce
Pfeaume fut choifi pour confoler,& confeiller
ce Seigneur,& ceux que pareille amertume de
cœur afflige iournellement.

PSEAV-

## PSEAVME 62.

*Ceux qui plaist à Dieu de hausser,*
*Ceux là ne font rien que penser*
*A les ruiner & destruire.*

## PSEAVME 84.

1. *Eternel des armees, combien sont aimables*
*tes tabernacles!*

2. *Mon ame ne cesse de convoiter grandement,*
*& mesme defaut apres les parvis de l'Eternel: mon*
*cœur & ma chair tressaillent de ioye apres le Dieu*
*Fort & vivant.*

3. *Le passereau mesme a bien trouvé sa mai-*
*son, & l'arondelle son nid, où elle a mis ses petits:*
*tes autels, ò Eternel des armees, mon Roy, & mon*
*Dieu!*

4. *O que bien-heureux sont ceux qui habi-*
*tent en ta maison, lesquels te loüent incessamment!*
*Selah.*

5. *O que bien-heureux est l'homme duquel la*
*force est en toi, & ceux au cœur desquels son les*
*chemins battus!*

6. *Passans par la vallee de Baca ils la re-*
*duisent en fontaine: la pluye aussi comble les ma-*
*res.*

7. *Ils vont de bande en bande pour se presenter*
*devant Dieu en Sion.*

8. *Eternel Dieu des armees, escoute ma reque-*
*ste: Dieu de Iacob, preste l'oreille: Selah.*

9. *O Dieu nostre bouclier, voi, & regarde la face*
*de ton Oinct.*

B iij

10. *Car mieux vaut un iour en tes parvis, que mille* ailleurs: *I'aimeroy' mieux me tenir à la porte en la maison de mon Dieu, que demeurer és tabernacles des meschans.*

11. *Car l'Eternel Dieu* nous est *un Soleil & un bouclier : l'Eternel donne grace, & gloire, & n'espargne* aucun *bien à ceux qui cheminent en integrité.*

12. *Eternel des armees, ô que bien-heureux est l'homme qui s'asseure en toi!*

## MEDITATION SVR
### le Pseaume 84.

Eternel Dieu *des armees* , c'est à toy à qui nous adressons nos vœux & nos plaintes, par ce qu'il y a propitiation en ton sein , equité en tes iugements , force & victoire en ton bras , comme estant le Dieu Tresfort, qui *retiens en ta puissance les issues de la mort.* Que beaux sont *tes tabernacles* ! que tes exercites campent dessous de belles tentes; & qu'il faict bon loger dessous tes pavillons triomphans. Ce sont beautez qui ne fleurissent point pour estre fenees & flestries sur le soir. Ce sont palais eslevés dans le ciel, bien differens de ceux desquels les Princes se vantent pour y planter leurs titres orgueilleux. Les pierres n'en

ge-

Pse. 68.

gelent point à la Lune ; Le vent & les glaces ne
les peuvent diffiper ; leur eslevation ne les menace point de ruine, pource que tout y est fondé
sur le roc.

Telle hautesse n'offense pas le ciel, comme
fit Babel; & les chapiteaux ne despitent pas les
nues, pour en appeller le foudre à leur destruction. Voila la cause violente de l'amour
sans mesure que nous portons à tes parvis, O
Dieu ; & nos ames pantelantes les vont cer-
chant, comme la biche les eaux: elles defaillent  *Pse. 42.*
en cette recerche, & se pasment en leurs desirs
enflammez, lors mesmement que les meschans,
qui n'ont point d'yeux pour le Temple spiri-
tuel, demandent, Où est la demeure de nostre
Dieu?

Certes voici la dure saison, où les fideles
foisonnent de souspirs. Et bien qu'ils ayent
de quoi fermer la bouche aux impies, sur ce
que la demeure de l'Eternel n'est pas aux maisons faites de mains d'hommes : neantmoins
ils se trouvent empeschez en eux mesmes, à l'esclat de ioye insolente, & aux cris de plus en plus
montans iusques au ciel, aux insultations des
persecuteurs, lors qu'ils bruslent nos Temples,
dissipent nos assemblees, rassasiants leurs yeux
charnels au renversement des pierres mortes;
mais plus encor quád ils s'attaquent aux vives,
brisent les angulaires, rasent les masures, rameï-
nent contremont les haches aux travers des
lambris , embrasent le Sanctuaire , polluent
le pavillon, mettent Ierusalem en monceaux,  *P. è. 79.*

donnent les corps des serviteurs de Dieu pour
viande aux oiseaux de l'air. Et alors Israël, s'es-
crie, *Le passereau mesme a bien trouvé sa maison,*
Psé.84.v.4. *& l'arondelle son nid,* logis à *ses petits* : la Cigoi-
gne les sapins, les hautes montagnes sont pour
Psé.104.v,17. les Chamois, les rochers sont la retraitte des
18. Connils ; *Eternel* où sont *tes autels* ? toi qui as
basti le monde, en seras-tu deslogé ? A telles apprehensions où la pieté se releve honteuse de sa
cheute, nous apprenons d'estimer à iuste prix
l'Eglise de Dieu, & les sainctes assemblees, lesquelles pour leur frequence ont esté tournees à
mespris : nous ramassons curieusement, & à le-
che-doigt les mietes du man celeste, que nous
laissions pourrir sous les pieds, en l'extremité de
Psé.42.3. nostre desolation. *O quand me presenterai-ie de-*
79.5. *vant la face de Dieu!* & puis : *Est-ce à iamais que*
*ton ire estendras, & ta fureur de fils en fils ira?* &
encor : *Souvienne-toi comme tes ennemis, O E-*
*ternel ta gloire ont abbaissee.* En l'amertume de
pareilles complaintes, nous cueillons des fleurs
au Cantique du Prophete Royal, que nous n'a-
vions pas remarquees auparavant. Mais le plus
precieux temps que nous trouvons à dire, sont
ces habitacles privez que l'Esprit de Dieu avoit
construits dans le sein de chacun fidele.

Ces seins qui estoyent sanctuaires, ces cœurs
tables de la Loi, & sur lesquels elle estoit escri-
te du doigt de Dieu ; ces estomacs cabinets des
thresors de constance, ont fait ouyr mesme dans
les feux les magnifiques paroles du Dieu vivant,
Ces premiers Temples ont esté abbatus par la
mort,

mort, & en leur hontẹuſe poſterité nous ne voyons que maſures, retraites de ſerpens & de lu-
ins , de vices & d'infẹctions. Ces pourceaux,
où les diables ſe ſont iettés , ſont corps ſans a-
me & ſans vie,puis qu'ils ne ſentent pas la froiſ-
ſure de Ioſeph. Ces cœurs affadis que Dieu a
laiſſé fondre en les abandonnant , pource qu'il
en eſtoit abandonné : ces ſeins qui ne ſont
ſaincts;ni Temples,mais cloaques d'eaux puantes, & de laſchẹtez , ont changé les violences,
par leſquelles leurs peres ont ravi le Royaume
des cieux,en tiedeurs que Dieu vomit de ſa bouche, en mortelles froideurs, en tenebres Egy-
ptiennes: tenebres, di-ie , par l'abſence du feu
qui fut iadis marque de la preſence de Dieu. Iſraël eſt affligé par les Balaams accueillis pour le
maudire; par les Iaſons,par les Alcimes: car les
bouches qui meſmes avoyent eſté ſacrees à la
verité , partiſaṇes du Prince du monde , meurtriers & menteurs , accuſent le peuple de Dieu,
teſmoignent contre lui , trahiſſent Ieruſalem,
employent leur eloquence mercenaire à chanter le meurtre pour victoire,à avilir le ſang racheté par celui de Ieſus Chriſt , vanter les bras
roides des tueurs , conter pour fange les morts
de Iuda, eſlever la iuſtice des Nicanors, opprimer de blaſme les eſgorgez, faire fleurir les uns
en leur bouche & eſcrits par loüanges feintes
& menſongeres, & vomir ſur les affligés le iargon de Semeï contre David fugitif; & ainſi ſe
rendans bourreaux de leurs compagnons , ou
par la peur qu'apporte l'infidelité, ou par la vi-

laine & mercenaire esperance,que le diable paye en fueilles le plus souvent.

On a escrit que le peuple allant en la captivité de Perse,quelques Prophetes, suivis de leurs enfans,allerent cacher les precieux meubles de l'Eglise,(& entre autres ce feu sacré,tesmoin de l'assistance de l'Eternel) dans le puits sec d'une vallee profonde : & ces escrits, desquels nous prenons seulement(veu leur condition)l'exemple,sans autre authorité que celle qui leur appartient,avec un tableau à propos, disent, Qu'apres longues annees, le peuple estant delivré, une nuee,qui avoit caché cette vallee profonde , se disparut; que les enfans des Prophetes qui avoyent esté curieux de remarquer la cachette,& le puits rempli de pierres ) l'allerent vuider en presence des Principaux;mais au lieu du feu n'y trouverent que de l'eau grasse & puante.En autre lieu est adjousté,que Nehemie ayant fait arrouser un holocauste de cette eau, les rayons du Soleil en allumerent un feu , qui depuis fut marque de la restauration, & reconciliation du Temple du Seigneur.

Est-ce point un miroir de nostre condition aux persecutions dernieres , pour ceux qui cachés soubs le nuage de leur honte , ou qui s'estans livrés en la servitude du Tyran d'enfer, ont laissé mourir dedans leurs cœurs, iadis estimés sanctuaires de Dieu,ce feu puissant de luire & de brusler,& ne produisent aujourd'hui de leurs bouches que flegmes puants , & vilains excrements de cette eau grasse,dans laquelle les cœurs & les feux se sont noyés? N'est ce dequoi

tomber

omber sur nos genoux pour crier vers le ciel:
tourne à part, ô Soleil de Iustice, le nuage espais de nos pechez,à ce que ces rayons mettent
n feu nos glaces, & say de nos puits secs des
autels fumarts en bonne odeur;refais-en des Te-
ples, remets-y ton Arche, l'Vrim & Thumim;
& tire encor dehors sacrifices des nephtars &
purifications. *O que bien-heureux sont ceux qui*     v. 5.
*habitent en ta maison, qui te loüent incessamment,*
& qui faisants leur profit de leurs defauts, em-
brassent les petites colomnes du Temple nouveau, l'exercice de tes loüanges qui leur estoit
ennuyeux,prenent un appetit & une faim salutaire du pain des Anges,au lieu de leur dánable
satieté,& logent une soif ardente en la place du
mespris,ayant perdu de veuë la maison de Dieu.

Il n'y a plus parmi nous loi ni foi; & tant de
lâchetés & perfidies, qui ont rendu Israël,mes-
prisé aux nations voisines, horrible à soi-mesme,viennent de ce que la verité, qui ne peut loger ailleurs que dans l'Eglise ; a suivi son exil.
Nous avons eu honte d'elle, elle de nous: nous
lui avons desnié son logis accoustumé,elle a e-
sté bien venuë au ciel : nous lui avons desro-
bé nos yeux, elle à nous sa lumiere : nous a-
vons fait un veau d'or, & adoré les bestes, &
leur ioug nous est demeuré sur le col : nos
Moyses ont eu les bras appesantis , quelques
uns par les presents d'iniquité. Israël a fuy devant Amalec, au lieu qu'autresfois, quand ils
ont levé les mains hautes, Israël a esté vainqueur.

Quand ferons-nous irrités de noftre lafche-
té, pour la convertir en courage à Dieu? quand
ferons-nous las d'avoir les pieds des vices & vicieux fur nos gorges, & faire hommage aux portes d'enfer? Il faut dire de toutes nos affections
fi nous voulons que ce foit avec efficace, *O que*

verf. 6.  *bien-heureux eft l'homme, duquel l'amour & la*
*crainte font en toi; & ceux en l'efprit defquels font*
*tes chemins battus*, & à qui tu donnes d'y cheminer de vertu en vertu, de force en force, de benediction en benediction.

Pour reprendre ce bon vouloir, nous ne fau-

Pfe. 32. 5.  rions fi toft dire, *Il faut confeffer à Dieu noftre*
*mesfait*, qu'auffi toft l'Eternel n'ait ofté la peine de nos pechez: & voila le defefpoir changé
en efperance, l'ignorance en doctrine, & l'in-
conftance en fermeté: & pourveu que nos defirs, quoi que foibles, foyent purs, nous marche-
rons d'un pas affeuré cercher la faincte Sion, &
les tabernacles du Vivant: & au lieu que nos iniquitez & infidelitez nous avoyent fait perdre de
veuë le pinacle du Temple facré, nous aurons
le feu pour guide en noftre nuict, & l'eftoi-
le des Sages nous menera devant la face de
Dieu.

Quelques hiftoriens fe font delectez d'efcri-
re, que leurs Princes conquerants faifoyent de
leurs premieres victoires, l'inftrument des fe-
condes. Nous dirons le mefme de ce que le
Chreftien obtient au bon combat, où le premier degré de vaincre eft contre foi-mefme.

verf. 8.  C'eft ce qui eft marqué par ces termes, *Ils vont*

bande en bande, ou de force en force pour se pre-
nter devant Dieu. Ce sont les pas & les pro-
rez de la foi, qui est l'eschele de Iacob, & la- *Gen. 28. 12.*
uelle ne confond point en la tribulation mes-
ne; mais porte patience, la patience l'espreuve,
& l'espreuve l'esperance. Ces premiers gages
& la bonté de Dieu bien receus; bien possedés,
meinent le reste à la perfection, qui est à salut,
nivant ce qui est dit, *A celui qui a, il lui sera* *Matth. 13. 12.*
ncores donné. Par ce moyen ceux qui ont che-
niné de grace en grace sont couronnez, com-
ne nous avons dit, de benediction en benedi-
tion.

Que si ce chemin est plein d'espines, si la voye
le salut est estroite, si la secheresse de *Baca*, &
e val des meuriers, fait perir de soif les passants,
cette soif fait le desir, & le desir le courage.
Creusons-y des puits, Dieu y fera sourdre les
ruisseaux à laict, & les fontaines des eaux vi- *Iean 4. v. 14.*
vantes, qui estanchent la soif pour iamais. A
ce labeur plein d'esperance, le ciel, se rendant
partisan de nos desseins, se liguera pour eux, les
arrousera, les emplira de ses pluyes, faveurs, &
benedictions: *Et tout pour avoir dit à Dieu, Ps. 91. 9. 14.*
*Tu es ma retraite* ; & avoir *establi le Souverain* 15.
*pour ton domicile*, il respond favorablement
en ces termes ; *Puis qu'il m'aime affectueuse-*
*ment, ie le colloquerai en une haute retraite, ie se-*
*rai avec lui en destresse, pource qu'il cognoist mon*
*Nom.*
L'Esprit de Dieu nous fait present d'une mer-
veilleuse consolation, en ce qu'il dit, que pas-

fant la vallee de mifere,& les deferts du monde,
les plus courageux caveront des puits, qui fe-
ront emplis de la pluye du ciel. Ceux qui tra-
vaillent aux puits &fontaines,n'employent pas
leurs peines pour eux feulement: tels ouvrages
ne font point à l'utilité d'un particulier, mais
faits à l'ufage des voifins, & à la publique com-
modité.

O vous qui gemiffez pour avoir travaillé aux
affaires generales, y avoir defpendu vos biens,
voftre fang, & voftre fueur ; qui avez fuppor-
té pour les peuples les ingratitudes, les blaf-
mes, les foupçons, les mutineries, les revol-
tes; & en fin ce que fouffre par eux quiconque
fe perd pour eux : Ou vous perfonnes particulieres, qui avez violemment travaillé pour les
parens, domeftiques, ou amis ; qui mefmes a-
vez pensé relever les premieres ingratitudes par
les bien-faits plufieurs fois reïterez : pareils à
ceux qui n'ont pas laiffé de creufer les puits,
quand la terre ingrate n'y envoye point d'eau;
qui avez par perfeverance effayé de vaincre les
cœurs endurcis , & continué vos travaux
dans les arenes feiches & fans humeur,
voicy le portraict de vos peines, & de vos
fuccez.

Le ciel, qui n'eft iamais ingrat, repare les
fautes de la terre, & au manquement des four-
ces terreftres, ouvre les fiennes à payer la peine
du bien efperant. Vous avez foufpiré vers lui,
& fi vous euffiez trouvé en terre gratitude,foy,
iuftice & charité, ne l'euffiés pas cerché là
haut.

haut. Dieu, en qui seul ces choses se trouvent, vous fait avoir recours à la gratitude,
faisant degouter à propos dans vos puits les
thresors de sa pluye, & des salaires qui ex-
cedent vos esperances, & le merite de vos
labeurs.

On diroit que de caver des puits dans cette
vallee de miseres, c'est trop de marque de s'y
vouloir habituer ; & que Dieu n'eut pas agreable la logette que Ionas marchant à son expe- *Ion.4.5.6.7.*
dition dressa aupres de Ninive: mais les puits,
& la recerche de l'eau, comme chose necessaire, sera benite par les rosees d'enhaut, au
lieu que les voluptez, ombres, frescheurs &
delices que nous cerchons en nous amusant,
au lieu de marcher à nostre vocation, nous
sont ostez de la main du Pere, qui envoye &
suscite nos envieux, comme vilains & infames vers, pour piquer le kikajon, & faire
mourir les verdures delicieuses, par là nous o-
ster des mains & de la frequentation des meschants, ses ennemis, & nous chasser droit au
tabernacle de Sion. Observons donc cette regle,de n'affecter que le but de vocation super-
nelle, baisans la main de Dieu qui arrache des
nostres les voluptez, donne amplement le necessaire, & ne veut estre invoqué que pour le
pain quotidien.

Preste donc, ô Eternel, à nos requestes tes *v.9.10,*
oreilles favorables ; regarde la face de ces
oincts. C'est nous que tu as choisis & sancti-
fiez ; tu nous as separé pour ton peuple acquis,

ta sacrificature Royale, ton heritage bien-aimé
Pour nous faire tiens, tu nous as rachetez, &
payé noftre rançon de si haut prix, qu'elle a couſté le ſang du Fils de ta dilection. Conſerve &
garantis ton heritage contre les embuſches du
meſchant, qui a couché ſon trait ſur la corde
defen-nous de la main d'oppreſſe, & des traits
enflammez de Satan.

Ton Eſprit nous apprenne d'eſtimer plus les
cachetes ſeures de ton Temple, qu'eſtre haut
montez és tabernacles d'iniquité, puis qu'vn
iour chez toi eſt plus precieux que mille au palais des Grands; deſquels les grades plus eſlevez
ne ſont que pieges & fientes à qui les cognoiſt
bien, n'approchent ni en heur ni en honneur la
qualité des fideles portiers en la maiſon du Roi
des Rois, n'y ayant point de comparaiſon entre
les clefs dorees des cabinets de vanité, & celles
du Royaume des cieux.

Là deſſus nous avons à mediter, Que tous
les plus violents ſouhaits & deſirs tendent à
deux fins bien differentes, qui ont contraires
effets: aſçavoir, à la ſplendeur, & à la ſeurté tout
enſemble. L'une veut l'eſlevation, & l'autre la
baſſeſſe: l'une tend à eſtre veuë par deſſus les autres, l'autre à eſtre cachée, meſme derriere ſoi.
La premiere condition eſt expoſee au peril des
envies, l'autre à la honte & au meſpris; la premiere craind les precipices, l'autre d'eſtre foulee aux pieds; l'une de s'eſtourdir en ſon eſlevation, l'autre de pourrir en la fange & l'obſcurité; & toutesfois tout homme de deſſein veut
de cho-

de choses tant heterogenees faire un tres difficile accord.

Car ainsi qu'il advient aux maladies implicites : ceux qui se veulent guerir de l'envie &
du mespris ensemble, n'employent aucun me-
dicament salutaire à l'un de ces deux extremes,
qui à l'autre ne soit poison ; pour ce que le paroistre appelle à soi la veuë & l'envie, & la seurté fuit tous les deux.

Les Princes puissans ne peuvent garantir
ceux qu'ils perchent en haut lieu, comme plusieurs tragiques exemples nous ont fait voir en
nos iours. Mesmes il advient que les colliers
d'ordre, qu'ils donnent à leurs conseillers, se
changent en licols *d'Achitophel*, & que en ba- 2. *Sam.* 17.23.
stissant à leurs mignons des throsnes eslevez, ils
leur eslevent un tres-haut gibet *d'Aman*: ou de *Esth.*7.9.1o.
plus, que les potences plantees par eux à la
deffense de leur gloire, sont empuanties de
leurs membres deschirez. D'autre costé, ceux
qui appetent & cerchent l'obscurité, faisans
sagesse de pusillanimité, prudents du siecle,
inutiles à tous, font quelques fois ce mal, que le
*talent* du Seigneur par eux est *foüi en terre*, & *Matt.*25.15.
leur lumiere cachee sous le muy. Dieu est seul [18]
qui tout ensemble nous couvre, & couve 5.15.
sous ses aisles, nous gardât aussi precieusement
qu'on fait de son œil la prunelle; & qui en mes- *Ps.*17. 8.
me temps & sur mesmes sujects met en avant
nostre justice comme l'aube, & puis nostre 37.10.
preud'homie comme le midi. C'est lui qui a *ré-
levé le chetif de la poudre, & le souffreteux de la* 113. 7.8.

C

fiente, & *le fait seoir avec les Principaux*; & qui
est notable,*avec les Principaux de son peuple.*

Pf.27.5.6
Aussi disons-nous avec David , *Il me cachera
en sa logette au mauvais temps; il me tiendra caché
en la cachette de son tabernacle:* & quád & quand
est adjousté , *Il me haussera dessus un rocher , ma
teste s'eslevera par dessus mes ennemis.*

Exod.2.3.
6.
34 35.
Le mesme qui avoit caché *Moyse* dans le cof-
fret de ioncs quand il fut exposé, descouvrit sa
beauté à la fille de Pharaon,pour lui communiquer apres ses rayons & sa clarté; iusques à telle
splendeur , qu'elle fut insupportable aux yeux
13.21.
des Israëlites. C'est lui qui en nostre nuict nous
guide avec un flambeau, & au plus grand midi
nous couvre & conduit par la nuee;c'est lui qui
Pf.78.15.
a protegé son peuple dans les abysmes des eaux:
de là dans les deserts,où,apres avoir esté halé &
basanné,il l'a fait luire
68.
----*Comme feroit*
*L'aile d'un pigeon qui seroit*
*De fin argent brunie,*
*Dont le pennage estincelant*
*Fait sembler l'aile en l'air volant*
*Du plus fin or iaunie.*

Faisant de ce peuple,tout sauvage, des triom-
phants, qui firent leur glorieuse entree dans les
conquestes de Canaan.Le mesme qui avoit ca-
1.Sam.16.11.
17.49.
1ᵒ.6.
22. 1.
2.Sam.2.4.
ché *David* entre les brebis,le fit triompher glorieux à la teste de son armee,quand il fut temps;
& pour un temps l'ayant deprimé en la caverne
d'Odollan,le combla de splendeur sur le throsne d'Israël.

Me

Me soit permis de choisir entre tous les e-
xemples de nostre siecle, celui de la Roine *Eli-*
*zabeth,* de laquelle on a escrit;

*La main qui te ravit de la geole en ta sale,*
*Qui changea la sellette en la chaire Royale,*
*Et le sueil de la mort en un degré si haut,*
*Qui fit un tribunal d'un celeste eschaffaut:*
*L'œil qui vid les desirs aspirants à la flamme,*
*Quand tu gardas tõ ame en voulant perdre l'ame,*
*Cet œil vid les dangers, sa main porta le faix,*
*Te fit heureuse en guerre, & ferme dans la paix.*

Dirons-nous que mesme en la personne de son *Luc 2. 7.8.*
*Bien-aimé Fils* il a usé comme il lui a pleu, des *Matt.2.14.*
tenebres, de la cerche, de la fuite en Egypte, du *Iean 1.11.*
mespris des siés, & en fin de l'obscurité du tom- *19.38.*
beau, pour en ce temps l'eslever en sa splendide
Transfiguration : & puis a fait son entree en Ie- *Matth.17.2.*
rusalem ; & pour couronner le tout, l'a plongé *21.10.*
au profond des enfers pour l'eslever par dessus *Eph.4.10.*
tous les cieux.

Or afin que sa chere espouse portast ses li-
vrees, comme l'espouse a eu ses temps d'humi-
liation, elle aussi du temps *d'Elie* a esté cachee *1.Rois 19.14.*
en telle obscurité, que le Voyant du Seigneur ne
la voyoit pas, reduite à se couvrir mesme desfiés.
Vous voyez cóme elle a sa fuite au desert ; de ce *Apoc.12.6.*
desert Dieu l'a retiree derriere les grandes eaux,
pour lui donner en son temps, sous le haut dais
du ciel, le Soleil pour couronne, & la Lune
pour marchepied.

Il n'y a que la divinité qui se maintienç
C ij

exempte des viciſſitudes & decadences ; teſ-
moin les cheutes, fautes, & imperfections de
tous ceux où les graces de Dieu ont abondé,
depuis le parfait Adam à paſſer par Noë, les Pa-
triarches, Moyſe, David bien aimé, Salomon le
ſage, les Prophetes, Apoſtres , & grands ſervi-
teurs de Dieu. Il a falu que ces excellents viſa-
ges ayent eſté marquez de quelques poreaux,
& l'Egliſe eſt demeuree obligee à ſembler ſon
chef aux divers temps de gloire & d'ancantiſſe-
ment, & en ces temps calamiteux la gloire de
l'Eternel paroiſt obſcureie , comme le peut
eſtre le Soleil , & la bien-aimee du Seigneur
ſouffre comme la Lune, non à l'eſgard de ces
corps precieux, mais du noſtre, eclipſe & de-
fection.

Telle eſtant la condition du chef, de l'eſpouſe,
& de ſes enfans plus favoris, qui ſera celui des
membres de l'Egliſe à qui telles marques ſeront
en horreur; puiſque meſmement toutes ces viciſſitudes tournent en triomphe aux eſleus ; &
qu'apres toutes les extremitez que nous conſi-
derons, la derniere nous paſſe aux extremes feli-
citez; la cachette la plus noire, la foſſe plus profonde, & la plus infime de nos conditions, eſt le
ſepulchre; la cheute dans la foſſe eſt le bond de
la plus haute eſlevation ; les tenebres les plus
obſcures de toutes, qui nous donnent la derniere nuict, ſont celles qui ſont vaincuës par l'aube de l'Eſperance, & deſquelles nous ſortons
pour poſſeder le luſtre de la plus vive ſplendeur,
qui eſt la gloire des cieux?

D'où

D'où viennent ces effects si contraires, & si excellents, hors la pensee, & le pouvoir de l'homme,qui ne peut produire,ni suffisamment cognoistre la conciliation de telles extremitez? C'est de Dieu ; & comment ? pource que *Nostre Seigneur Dieu tresdoux, Est Soleil & bou-* *clier pour nous,* qui seul peut *donner gloire,&gra-* *ce, n'espargnant aucun bien-fait à ceux qui chemi-* *nent en integrité.* C'est le tresseur *bouclier*, & la *gloire* esprouvee qui nous retire quand il faut, & puis en temps opportun nous fait aller haut la teste levee; comme aussi les boucliers des anciens qui servoyent à les couvrir des coups,servoyent aussi à creer les Empereurs, en les enlevant sur des boucliers à la veuë des peuples en marque d'election. *vers.* 12.

Il est tout ensemble nostre lumiere, nostre victoire, & quant & quant nostre seurté ; ses mesmes rayons qui donnent la splendeur, portent aussi la protection ; car ils aveuglent les Sodomites pour sauver *Lot :* & comme les anciens guerriers faisoyent luire leur pavois & boucliers, ce bouclier de grace est rayonneux, puissant de parer aux coups, & d'esblouyr les yeux des ennemis. *Qui le regardera, S'en trouvera tout esclairé ;* l'avez-vous contemplé, vous estes illuminé,& vos faces ne seront point confuses:oüy les audacieuses veuës des orgueilleux, qui des mesmes rayons,desquels les aiglons enfans du ciel seront illuminez, eux ne recevront que tenebres par esblouyssement. *Gen.*19.1ʃ. *Psʃ.* 34.

La seurté est pour celui *qui reside en la cachet-* *Psʃ.*91.1.4.

C iij

te & sous le bouclier *du Souverain*; *qui se loge à l'obre du Tout puissant, il le couvrira de ses plumes, il aura retraite sous ses ailes, sa verité sera sa rondelle & targe;& en fin il dit, Ie serai avec lui quãd il sera en destresse: ie l'en tirerai, & le glorifierai.*

Or la marque ordinaire de cette heureuse mutation de l'ombre au grand Soleil, & des cachots aux triomphes, est le tesmoignage que la main de Dieu fait de nous comme la mere des enfans, qui en les soustenant par les landons les laisse tomber du nez à deux doigts de terre, pour les relever debout. C'est quand au plus noir des obscurités, nous nous sentons esclairés de l'Esprit de lumiere; quand du profond de nos ennuis le cœur s'esleve aux cieux, pour dire là dedans, A toi ie souspire, à toi ie tends les mains, ô Sire, C'est pourquoi l'Esprit depeint les deux proprietés de ce *Soleil* & de ce *bouclier*, sous gloire & grace; *gloire*, au Soleil, qui produit nos preud'homies en plein midi; *grace* au bouclier, qui nous couvre des ennemis, & nos pechez de la face de l'Eternel.

Mais voulez-vous voir dans le profond du peril mortel un portrait notable de ce que peut ce grand *Soleil de Iustice*, & ce bouclier qui ne tombe pas, comme les anciles du temps passé, pour une fabuleuse superstition, mais pour un vrai secours. Voulez-vous voir la splendeur celeste bien mariee avec la seurté; voyez flamboyer cette grande fournaise ardente de Nebucadnetsar, & le grand Ange du ciel, qui la vient rendre plus splendide qu'elle n'estoit, y porte

le

le bouclier d'en haut, la rend seure aux condamnés, & pernicieuse à leurs bourreaux: il
vient rendre couŕonés & couverts, honorés &
asseurés les trois freresqu'il fait de sa cópagnie,
& honteux & tréblants les ennemis de la verité. Discourez philosophes vains, cóme il vous
plaira sur le souverain Bien ; prophanes mon-
dains logés dans les voluptez, aux honneurs, &
aux richesses, nous avons trouvé à quoi attacher nos desirs:C'est au pavois de l'Eternel, où
nous trouvons la cachette sans honte, & l'eslevation sans peril.

C'est de là, ô Tout-puissant, d'où la splendeur
de ton conseil de feu m'a visité en mes prisons
tenebreuses, c'est de là qu'a coulé le baulsme celeste dans mes playes. C'est de ton sainct mont,
que i'ay ouï la sentence de ma gloire & de ma
grace; quand les meschans ont prononcé celle
d'opprobre, & de mort : c'est là où ie vai ployer
mes voiles usees de tempestes, ie ne voi point
ailleurs de port ni d'asyle pour mon exil. Dieu
seul est ma *forteresse*, ma *maison bien munie* qui *Pse.* 18. 3.
me *gardera de destresse*, *m'environnera de chants* 31. 3.
*de triomphe: mon ame se tiendra coye envers lui,* 91. 15.
*sous cette haute retraite ie ne serai point esbranlé:* 40. 4.
*là où est ma delivrance, ma gloire, le rocher de ma* 42. 5.
*force, & corne de ma sauveté.* Ce sont les termes 62. 1.5.
du Prophete, & pour finir comme lui au Pseau- 23. 7. 8.
me present, *Pf.* 31. 3.
Luc 1. 69.

   *Bref Dieu tresfort, heureux ie croi,*
   *L'homme qui s'appuye sur toi.*

                  C iiij

# OCCASION ET ARGV-
ment de la Meditation faicte
sur le Pseaume 73.

VELQVES Seigneurs de Gascogne, a-
pres de grands services faits au Roy
Henri IV. se voyans appauvris, &
privés des honneurs qu'ils estimoyent (non à
tort) avoir esté merités par les vertus ; Entre
ceux-là le Viscomte de Gourdon, que l'histoi-
re nous fait cognoistre, ayant pris un regret, qui
lui dura iusques à la mort, de ne pouvoir estre
honoré d'un collier, nostre Autheur fit present
à ses amis de cette piece, qu'il estima propre à
leur consolation.

### PSEAVME D'ASAPH.

1. *Quoi que ce soit, Dieu* est *bon à Israël, asça-*
voir *à ceux qui sont nets de cœur.*

2. *Or quant à moi, mes pieds m'ont presque failli-*
*li, & ne s'en a comme rien* falu que *mes pas n'ayent*
*glissé.*

3. *Car i'ai porté envie aux insensez, voyant la*
*prosperité des meschans.*

4. *D'autant qu'il n'y a point d'estreintes*
*en la mort d'iceux : ains leur force est en son en-*
*tier.*

5. *Ils n'abannent point comme les autres hom-*
*mes,*

mes, *& ne sont point battus avec les* autres *hom-*
*mes.*

6. *Pour cette cause orgueil les environne com-*
*me un carquan, & accoustrement de violence les*
*couvre.*

7. *Les yeux leur sortent dehors de force de*
*graisse: ils surpassent les desseins de leur cœur.*

8. *Ils sont pernicieux, & parlent malicieuse-*
*ment d'opprimer, & parlent comme haut montez.*

9. *Ils mettent leur bouche aux cieux, & leur*
*langue trotte par terre.*

10. *Et pourtant son peuple en revient là, quand*
*on leur fait succer l'eau à plein* verre.

11. *Et disent, comment le* Dieu Fort *auroit-il*
*cognoissance, & y auroit-il cognoissance au Souve-*
*rain?*

12. *Voila, ceux-ci sont meschans, & estans à*
*leur aise en ce monde ils acquierent de plus en plus*
*des richesses.*

13. *Quoi que ce soit, c'est en vain que i'ai net-*
*toyé mon cœur, & que i'ay lavé mes mains en inno-*
*cence.*

14. *Car i'ai esté battu iournellement, & mon*
*chastiment* revenoit *tous les matins.*

15. *Mais, quand i'ay dit, I'en parlerai ain-*
*si, voila, i'ai esté desloyal à la generation de tes en-*
*fans.*

16. *Toutesfois i'ai tasché à cognoistre cela:* mais
*il m'a semblé fort fascheux.*

17. *Iusques à ce que ie sois entré aux sanctuaires*
*du* Dieu Fort, *& que i'aye consideré la fin de telles*
*gens.*

18.    *Quoi que ce soit, tu les as mis en lieux glif-fans, tu les fais tomber en precipices.*

19.    *Comment ont-ils esté destruits ainsi en un moment, sont-ils defaillis, ont-ils esté consumés d'espouvantements?*

20.    Ils font *comme un songe quand on s'est resveillé. Seigneur tu mettras en mespris leur ressemblance quand tu te resveilleras.*

21.    Or *quand mon cœur s'en-aigrissoit, & que ie me tourmentois en mes reins:*

22.    *Lors i'estois abruti, & n'avois aucune cognoissance: i'estois une grosse beste en ton endroit.*

23.    *Ie serai donc tousiours avec toi; tu m'as pris par la main droite.*

24.    *Tu me conduiras par ton conseil , & puis me recevras en gloire.*

25.    *Quel* autre *ai-ie au ciel? or n'ai-ie pris plaisir en la terre* en rien autre *qu'en toi.*

26.    *Ma chair & mon cœur estoyent defaillis:* mais *Dieu* est *le rocher de mon cœur, & mon partage à tousiours.*

27.    *Car voila, ceux qui s'esloignent de toi, periront: tu retrancheras tous ceux qui se desbauchent de toi.*

28.    *Mais quant à moi, d'approcher de Dieu c'est mon bien: i'ai assis ma retraite sur le Seigneur Eternel, afin que ie raconte tous tes ouvrages.*

*M E D I-*

## MEDITATION SVR

### *le* PSEAVME 73.

*Si est-ce que Dieu est,* &c.

QVAND nous mesurons à l'œil de la prudence humaine l'estat des enfans de Dieu, & à l'opposite celui de ses enne-mis, ne voyans rien dans les consternations & miseres de l'Eglise de quoi esperer ; & de l'autre costé rien à craindre dans les triomphes, & pro-speritez ; l'ire de Dieu paroissant comme atta-chee sur les bons, & sur les autres l'apparente faveur du ciel ; il faut un grand soustien & se-cours de l'Esprit de Dieu pour pouvoir dire de la pensee, comme de la bouche, *Quoi que ce*   vers. 1. *soit, Dieu est bon à Israël, à ceux qui sont nets de cœur.* C'est là où il faut dire en soi-mesme, & à bon escient, *Ie prendrai garde à mes voyes, que* Ps.39.2.3.4. *ie ne peche par ma langue, & garderai ma bouche aves une museliere, tãt que le meschant sera devant moi. I'ai esté muet sans dire mot, ie me suis teu du biẽ : mais ma douleur s'est rengregee. Mon cœur s'est eschauffé dedans moi, & le feu s'est embrasé en ma meditation, dõt i'ai parlé de ma lãgue.* Adjoustons : *Eternel mets garde à ma bouche, garde le guichet* Pse.141.3. *de mes levres, de peur qu'elles prononcẽt en l'amer-tume d'esprit : car quãt à moi mes pieds m'õt presque*   vers.2. *failli, & s'en faut peu, que leurs pas n'ayent glissé :*

Pſe.39.5.6. Iuſques à demander à Dieu, *Eternel donne-moi*
*cognoiſtre ma fin, & quelle eſt la meſure de mes iours,*
*que ie ſache de combien petite duree ie ſuis,* comme pour me reſiouyr de voir *le temps de ma vie*
*à la meſure de quatre doigts.* Le cœur humain eſt
comme forcé de porter envie aux inſenſez, voyant la proſperité des meſchants, iuſques à vouloir argumenter ſur la iuſtice de Dieu, tant il
eſt difficile de dire, comme il faut dire & ſans
contraſte de la chair, *Ta volonté ſoit faite.* C'eſt
pourquoi la ſageſſe Eternelle a colloqué cette
clauſe apres, *Ton Regne advienne.* Car apres a-
voir demandé l'advenement du Regne de Dieu,
où il ſemble que nous comprenions ſon iugement ſur les meſchants, ( non ſeulement en la
grande iournee du Seigneur, mais encor celui
qu'il exerce tous les iours ) nous ſommes in-
ſtruits d'en laiſſer le temps & les circonſtances
en la main du Tout-puiſſant; qui en ayant reſer-
vé la cognoiſſance à lui ſeul, s'en eſt auſſi gardé
la diſpoſition.

    Ce qui tend la mort deſirable aux affligez,
verſ.4. eſt, *qu'il n'y a point d'eſtreintes en celle des meſ-*
*chans, & leur force demeure en ſon entier.* C'eſt à
dire, n'eſtant point cette mort deſiree, à cauſe
des langueurs, au lieu que nous liſons dans le
Iob 17. 13.14. miroir de la patience ces langages, *le ſepulchre*
15.16. *s'en va eſtre ma maiſon, i'ai dreſſé mon lict és tene-*
*bres. I'ai crié à la foſſe, Tu eſt mon pere; & aux*
*vers, vous eſtes ma mere, & ma ſœur: & où eſt-ce*
*que ſera mon attente? voire qui eſt-ce qui verra*
*mes attentes? elles deſcendront en bas avec les bar-*
                              *rie*

ieres du sepulchre : *Si nous y sommes ensemble, le repos sera sur la poussiere.*

Au contraire voici ce que dit le Prophete des meschans ; *qu'ils n'ahannent point avec les autres hommes , & ne sont point battus avec les autres.* *verf. 5.* Mais encor n'est-il point estrange , que Dieu supporte la prosperité des ennemis , comme l'orgueil qui vient de prosperité, & les blasphemes qui viennent de l'orgueil : *car il les envi-* *verf. 6.* *ronne d'un carquan, & accoustrement de violence, les couvre.* Vous diriez que par cet *accoustrement* l'Esprit de Dieu veut designer les carquans que plusieurs ont obtenus à la persecution de l'Eglise , la plus part sans merites militaires; mais les ayans receus pour couronnes de *leur* *verf. 7.* *graisse* & de leur orgueil ; carquants que les Payens ont donné à ceux qui ont gardé les murs, donnés en ce temps à ceux qui ont mis les villes en villages ; à ceux qui avoyent sauvé les citoyens , maintenant ottroyez à leurs destructeurs : merités par ceux qui ont sauvé l'honneur du pays , possedés par ceux qui l'ont deshonoré ; deus aux sauveurs des peuples,& ottroyez à ceux par qui les uns & les autres ont esté ruinés.

C'est cet accoustrement de violence qui fait dire aux fols malins , *Il n'y a point de Dieu:* ou *Pse. 14. 1.* bien , *Nous avons le dessus par nos langues : &,* *12. 5.* *Qui est Seigneur sur nous ?* Et le Seigneur souffrant ces choses, permet qu'ils prosperent, *mes-* *verf. 7.* *me que les yeux leur sortent dehors à force de grais-* *se, & qu'ils surpassent les desseins de leur cœur.*

Voila un beau portraict de ce que nous voyons tous les iours, que les plus marauds, les plus ignorans, stupides, & dormans sur le chevet de leur felicité sont portés aux Estats, qu'ils n'ont peu desirer, sans cognoissance, poursuivre ni esperer sans desir. Cela nous est depeint en quelque discours tragique par l'insolence assise au tribunal des Rois, de laquelle il est dit,

*Sans desir, sans espoir a volé dans ce train,*
*De la plus vile bouë au Throne Souverain,*
*Qui mesme en s'y voyant, encor ne s'y peut croire,*
*L'insolence camuse & honteuse de gloire.*

Et quand ces poux armés ont pris haleine, & se font asseurés en l'effroi de leur eslevation, *ils* versf.8. *sont pernicieux, & pensent malicieusement d'opprimer, parlans comme hauts montés.* Ouy certes, & prenēt envie d'accabler ce qu'ils voyent au dessous: sur lesquels aussi ils se laissent cheoir souvent, les cuidans briser par leur precipice ; où bien ils employent leurs dents, comme viperes gelees, à piquer de mort le sein qui les a logés, si tost qu'ils ont pris force de la premiere chaleur. Mesme ayant mis une fois en oubli la bassesse de leur naissance, celle de leur nourriture, & de leur education, ils pensent estre nais à la hauteur où ils se trouvent, se font enfans de Iupiter, & *lors ils mettent leurs bouches aux cieux,* versf.9. *& leur langue par toute la terre,* Qu'elle bat & court pour disposer de tout ; ils ne cognoissent plus ni parens ni amis; mal-heureux l'innocent devant de tels iuges, & le souffreteux aux pieds de ces insolens.

Voila

Voila le breuvage amer que Dieu presente. *verf.*10.
*Et pourtant son peuple en revient là, quand on leur*
*fait succer* cette liqueur *à plein verre.* Les humains enyvrés de si fumeufe & amere poifon, a-
breuvés de vinaigre, & faifans de fiente leur repas raffafiés de fiel, veulent entrer en conte avec
Dieu, & dire avec Iob , *A la mienne volonté que* *Iob* 23.3.4.
*ie sceusse où est l'Eternel, où ie le treuverois: i'en-*
*terrois iusques à son Siege; là deduirois-ie mon droit*
*par ordre devant lui, & remplirois ma bouche d'ar-*
*guments:* & ailleurs , *T'est-il bien seant que tu* 10.3.
*me faces tort , que tu desdaignes le labeur de tes*
*mains?* C'est cette amertume qui produit tant
de hardieffe en fes ferviteurs, & que Dieu a pardonné en fa iuftice: mais il ne pardonnera point
à l'inique triomphant, qui dit en fon infolence,
*Comment le Dieu Fort auroit-il cognoissance,* de ce *verf.*11.
que nous faifons? Ou prédroit-il cette cognoif-
fance? comme ne pouvant comprendre, que de
fi loin, que de fi haut, Dieu puiffe iuger & mefler
fon authorité dans les hommes de terre: *l'Eter-* *Pse.* 94.7.
*nel ne le verra point , le Dieu de Iacob n'en enten-*
*dra rien.*

Mais Dieu aura pitié des affligés pour fon
Nom, il excufera chacun fidele difant avec an-
goiffe , *Voila, ceux-ci sont meschans, à leur aise en* *verf.*12.
*ce mode, ils acquierent de plus en plus des richesses,*
maintenus & augmentés tous les iours par leur
Dieu Mammon auquel ils fervent & facrifient;
il exauce leur priere , & leur fait iouyr de leurs
vœux, & ceux qui fervent le Souverain ont fui-
vi fa Loi pour neant.

vers.13. Ils passent outre s'escrians , *quoi que ce soit c'est en vain que i'ai nettoyé mon cœur, & que i'a lavé mes mains en innocence :* & puis emplissent leurs bouches , & prenent ces paroles au ta-

Iob 31.4. &c. bleau de la patience , *Dieu n'a-il pas veu mon train ? n'a-il pas conté toutes mes desmarches? s i'ai cheminé en faussete , & si mon pied s'est hasté a tromper, qu'on me pese en des balances iustes, & Dieu cognoistra mon integrité, Si mon cœur a suivi mes yeux, Si i'ai fait defaillir les yeux à la vefve, Si l'orphelin n'a point mangé avec moi, Si i'ai veu un homme perir à faute d'estre vestu, Si les reins ne m'ont point benit, & s'il n'a pas esté eschauffé de la laine de mes aigneaux, Si ma main a baisé ma bou-che, Si l'estranger a passé la nuict dehors :* & apres plusieurs sortes de telles protestations , avec u-ne punition iuste qui est demeuree attachee,

Iob.31.35.37. l'affligé ose dire , *A la mienne volonté que i'eusse qui m'ouyst : voila mon but, que le Tout-puissant me responde, ie lui raconteroy mes pas, ie m'appro-cheroy de lui comme d'un Prince ;* & toutes les paroles qui tendent à provoquer Dieu en iuge-ment. Que me sert (disent ces esprits alterés) d'a-voir gardé le sentier de la Loi , que me sert l'a-mour & la crainte de mon Dieu , & de n'avoir eu recours qu'à lui ; si ceux qui sacrifient aux faux Dieux sont exaucés, & ceux qui s'attendent au Tout-puissant perissent en leur esperance, re-poussez, & non entendus ?

Où est donc, disent-ils, la iustice du ciel, car

vers.14.
Ps.42.4.8. *i'ai esté battu iournellement, & mon chastiment re nouvelle tous les matins. Mes larmes m'ont esté a-*

*lieu*

lieu de pain iour & nuit: un abyſme appelle l'autre
abyſme & flots ont paſſé ſur moi. En fin il a falu eſ-
clatter plus avant: Car Satan qui ne perd aucune occaſion de nuire, nous dicte de plus furieuſes leçons, & apprend cet textes à l'affligé, Pe-
riſſe le iour auquel ie naſquis, & la nuict en laquelle          Iob 3.3.
fut dit, Vn maſle eſt né ; Ce iour là ne ſoit que tene-
bres , que Dieu ne le recerche point d'en haut, &
que la lumiere ne l'eſclaire point. Tenebres & ombre de mort le rendent pollu, nuees demeurent ſur
lui: qu'il ſoit rendu terrible comme le iour de ceux
à qui la vie eſt amere. Obſcurité ſaiſiſſe cette nuict
là, qu'elle ne s'eſioniſſe point d'eſtre entre les iours
de l'an, & qu'elle ne viene point en conte parmi les
mois. Voila, que cette nuict-là ſoit ſolitaire, qu'on ne
s'eſgaye point en elle, que ceux-là qui ſont eſtat de
maudire les iours, la maudiſſent, s'appreſtans à remettre ſus leur dueil. Les eſtoiles de ſon ſerain ſoyent obſcurcies, qu'elle attende la lumiere, mais
qu'il n'y en ait point, & qu'elle ne voye point les rayons de l'aube du iour, de ce qu'elle n'a pas clos les
portes du ventre qui m'a porté, & n'a point caché le
tormẽt arriere de mes yeux. Que ne ſuis-ie mort des
la matrice ? que ne ſuis-ie expiré ſi toſt que ie ſuis
ſorti du ventre de ma mere? pourquoi m'ont prevenu
les genoux, pourquoi auſſi les mamelles, afin que ie
les ſucçaſſe? car maintenant ie ſeroye giſant, & me
repoſeroye; ie dormiroye , & dés lors y euſt eu repos
pour moi.

   A tel excez de douleur, il eſt bié beſoin que
l'Eſprit conſervateur s'oppoſe en deſtruiſant, &
dicte aux eſleus nouvelles penſees, & un chant

                         D

de repentance, avec une palinodie qui prenne
le contre-ongle du passé : comme.

Ouy, ie porte des peines insupportables; *mais*
*quãd i'ai parlé ainsi & ainsi, voila i'ai esté desloyal à*
*la generation de tes enfans*, ô Dieu, i'ai esté enfant
bastard de la promesse, i'ai degeneré à cette race
legitime & saincte, qui reçoit les verges de mesme main & doucemét cóme le pain, & baise cette main affligeãte en témoignage d'amour. Cette bóne pésee a esté cóbattue par la chair, le sang
& le sens humain; *toutesfois i'ai tasché à cognoistre*
*cela; mais il m'a semblé fort fascheux*; si bié que n'y
ayant rien de la prudence humaine, pour accor-
der ce different, i'ai invoqué la sagesse Eternelle
au secours de mes perplexités, & à mon aide au
bon combat, *iusques à ce que ie sois entré au san-*
*ctuaire du Dieu Fort, où i'ai consideré la fin de telles*
*gens.* C'est cette fin qui porte iugement, decide
le procés, monstre seurement où est l'heur, où le
mal-heur, où le faux, où le veritable; car les abominables & condamnés, ausquels ie porte envie, n'ont sur le frót que l'apparéce du bié, & en
effect la ruine attachee à leur dos; & cette haũ-
tesse, où ils sót eslevés, est la mesure de leur saut.

*Quoi que ce soit, tu les as mis en lieux glissans,*
*tu les fais tomber aux bas lieux*: Leurs chemins
sont luisants, mais c'est de glaces & de verglas:
ils commenceront à couler dans la pente, & de
la pente au precipice, & de lui en l'Eternelle
mort.

En ces saisons de desolation l'Ange consola-
teur meine les esleus frapper à la porte du
San-

*verf. 15.*

*verf. 16.*

*verf. 17.*

*verf. 18.*

Sanctuaire, à ce grand cabinet des secrets de l'Eternité. Adam voulant s'acquerir la science de bien & de mal, pour ſe faire pareil à Dieu, trouva un Cherubin, officier du paradis terreſtre, qui le mit dehors honteuſement, & puis en defendit l'entree avec un coutelas flamboyant, chaſtiant les outrecuidez en leurs deſirs hautains, & les curieux de ce qui ne leur appartient pas; mais les cœurs humiliés ſont reçeus doucement à la recognoiſſance de leur ſalut, quand ils cerchent l'inſtruction ou conſolation du Conſeiller fidele, quand il demandent les *paroles de vie*; & comme à S. Iean, qui eſtoit l'ange envoyé de Dieu, Maiſtre que ferons nous? *Iean 6.68. Luc 3.12.*

Les enfans de Dieu, eſtants à l'huys du S. des Saincts, voyent arriver une femme, bien que claire brune de ſon Soleil qui la regarde de tous coſtés, d'une parfaite beauté, qui avoit ſes veſtemens deſchirés, ſes cheveux brunis, couverts d'un ſac, & parfumés de cendre; ſes deux yeux noyoyent ſon viſage de l'armes, toute en ſang & en feu de douleurs: quelque deſolee qu'elle fuſt, & tormentee en ſon courage, elle n'avoit rien diminué de ſa majeſtueuſe gravité, le reſpect de laquelle empeſche la troupe de paſſer le ſueil; & elle ſeule l'ayant franchi prononça la harangue qui s'enſuit, de laquelle elle fit les virgules de ſouſpirs, & les points de ſanglots redoublés.

Eſt-ce le doüaire d'un mariage ſi haut? ſont ce les habits ſi richemét brodés, deſquels ie devois eſtre ſi precieuſemét atournee? Où eſt cett'unió

D ij

profpere, pour laquelle ie devoyelaiffer de fi bô
cœur pere & mere ? Où eft l'or d'Ophir, & les
riches prefens de Tyr ? Où font ces beaux &
nobles enfans qui devoyent eftre Rois triomphans fur la terre ?

Pſe. 45.

Mon ame à tout fon faoul de maux , & ma
vie eft parvenue au tombeau, Ie fuis fequeftree
parmi les morts comme les navrés gifants au fepulchre,& defquels il ne te fouvient plus ; ains
qui font retranchés de ta main : tu m'as mife en
une foffe des plus baffes,és lieux plus tenebreux
& profonds. *Les nations font entrees en ton heri-*
*tage, ont pollu le temple de ta faincteté, Ils ont don-*
*né les corps morts de tes ferviteurs pour viande aux*
*oyfeaux des cieux , la chair de tes bien-aimés aux*
*beftes de la terre. Ils ont efpandu leur fang comme*
*eau, & n'y avoit perfonne qui les enfevelift.* Tu as
reietté l'alliance de ton Ifraël, *rompu toutes fes*
*cloifons ; tu as mis fes forereffes en ruine ; tu as fur-*
*hauffé la dextre de fes adverfaires , & refiouy tous*
*fes ennemis : tu as rebouché la pointe de fon efpee,*
*& ne l'as point redreffé en la bataille ; tu as livré en*
*captivité fa force, & fon peuple à la merci de la fan-*
*glante efpee : le feu a conufmé leurs gens d'eflite,*
*leurs vierges n'ont point eu dot de mariage ; les Sa-*
*crificateurs font tombés par l'efpee : les vefves n'ont*
*pas eu congé de pleurer : celles qui allaittoyent ont*
*efté efvêtrees par les couteaux,eftendues le long des*
*chemins,& les petits enfans ont efté veus fuccer les*
*mamelles mortes , & avaller du fang.* Tu as defployé fur moi les flots de ta tempefte , & les
mefmes rigueurs qui ont mis ton ferviteur Iob
fur

Pſe. 88.

Pſ. 79.

Pſe. 89.

Pſe. 78.

sur le penchant du desespoir. Car comme tu as abandonné aux mains de Satan la famille fidele, tu as mis la mienne au mesme poinct. Premierement, tu as donné tous les biens de mes enfans en pillage aux enfans de Seba & de Caldee, tu as permis aux vents de raser mon habitation, & convertir en desert l'habitacle de la gloire de ton Nom, & suis ensevelie dâs ses ruines avec mes vrais enfans, assemblés pour te louër & s'esiouyr en toi.

Et quand Satan n'a pas esté content de ces licences, tu as abondonné entre ses mains la chair precieuse de ton espouse, & la chaste peau intacte à tous autres, & sacree à toi seul. Il m'a frappee de l'ulcere mauvais depuis la teste iusqu'aux pieds. Ce qui representoit mon chef à esté troublé par l'esprit d'estourdissement: mon Conseil à failli, mes Levites corrópus, & ceux par lesquels j'interroguois la bouche du Seigneur, devenus frenetiques; mes Balaams se sont accueillis à maudire Israël; le mal est venu du Prophete, & mes autels ont porté le sacrifice des Baalims.

Tu as fait fohdre mon cœur, quand les Princes qui representoyent cette place ont baisé la pantoufle de l'Ante-Christ, & sur les pieds impurs lesché le pur sang de leurs freres, & puis en sont devenus les bourreaux. Mes enfans, qui estoyent en mes bras, ont esté affoiblis: & ceux qui les devoyent tenir hauts pour la gloire d'Israël les ont fait choir en bas en la faveur d'Amalec, ou bien ont tourné la poignee de leur

eſpec vers leurs ennemis , & la pointe à leur
eſtomac.Les enfans d'Ephraim armés , d'entre
les archers , ont tourné le dos au iour de la bataille.

Les parties baſſes affoiblies par ce qui eſtoit
deſſus elles,& cóme frappees de catarrhes mor-
tels,ont refuſé de me porter, & m'ót laiſſé choir
ſur l'opprobre du fumier. Ma peau entiere eſt
devenuë inſenſible;la tédre humeur de la charité eſt aſſechee,toute chaleur de zele eſteinte de-
dãs moi.Ce qui a cauſé tãt de rognes qui tóbent
de ma peau,ſe donnét à l'apoſtaſie en quittãt mó
corps affligé;&ce qui angoiſſe mó amé apres les
douleurs du corps, c'eſt que ie ſuis envirónee de
froids & fols amis.Ce qui dort dãs mon ſein me
torméte;les plus privés de moi ſont vis à vis de
ma playe ſans la ſentir:l'ami de ma table leve ſó
talon contre moi;ceux qui devoyent eſtre cópa-
gnós de mon affliction,en ſont les iuges, & par
une prudence maudite deſchirent ma droiture,
levent au nez mon eſperance,& par leur ſageſſe
mondaine rendent criminelle mon equité.

Pſe.13. *Iuſques à quand m'oublieras-tu continuellement?*
*iuſques à quand cacheras-tu ta face de moi? iuſques*
*à quand conſulterai-ie mon cœur de iour? iuſques à*
*quand s'eſlevera mon ennemi contre moi ? Eternel*
*mon Dieu,regarde,exauce-moi, illumine mes yeux,*
*de peur que ie ne dorme le ſomme de la mort;de peur*
*que mon ennemi ne die , I'en ay eu le deſſus, & que*
*mes adverſaires ne s'eſgayent ſi ie venois à tom-*
*ber.*

Pſe.74. *Iuſques à quand,ô Dieu,ſouffriras-tu que tes ad-*
*ver-*

*verfaires te blafment? ton ennemi defpitera-il ton*
*Nom à iamais impunément? pourquoi retiens-tu ta*
*main en ton fein? aye fouvenance que l'ennemi a dif-*
*famé l'Eternel, & qu'un peuple infensé a desfié ta*
*puiffance. Ne livre point tõ humble tourterelle aux*
*ongles de ces vautours, & en fin n'oublie point la*
*crierie de tes adverfaires: car le bruit de ceux qui*
*s'eflevent contre toi, monte continuellement.*

A ces mots les ailes des Cherubins qui cou-
vrēt le Propitiatoire commencerent à s'eflever;
de là fortit une nuee de parfums & baumes excellents qui encenfa & remplit le lieu, fi bié que
nous perdifmes la fille du ciel pour un temps;
nous ouyfmes une harmonie Angelique, qui
nous ravit en extafe iufques àce que l'air efclair-
ci, & nos efprits eftans ferenés, nous vifmes ref-
fortir la triomphante avec un vifage auffi gay
que defolé auparavāt, recouverte de veftemens
neufs & candides, une couronne d'eftoiles fur
fon chef, & en fa main un livre feellé de plufieurs feaux: elle prit par la main les plus proches d'elle, & parla ainfi à tous:

O combien eft grand à merveilles, le bien que
Dieu a preparé à ceux qui l'ont reveré. C'eft la
grandeur, la fplendeur, & la duree de fes graces
eternelles, qui doivent rendre toutes douleurs
de corps & d'efprit douces, & doux le fueil de
la mort; toutes trifteffes deviennent ioyes, les a-
baiffements & eflevations, à la comparaifon de
l'un & de l'autre; l'ôbre du fepulchre eft l'entree
d'une indicible clarté, la terre n'eft qu'un point
à qui peut comprendre l'eftédue du firmament:

D   iiij

ainſi il n'y a rien au monde qui ſe puiſſe iuſte-
ment appeller mal heur, qui ſoit à craindre, à
plaindre, & qu'on doive abhorrer, à qui peut
avoir les ſentiments des felicités à venir, que
ce qui peut nous priver d'elles ou nous en eſloigner. Au contraire, les proſperités qu'on envie aux meſchants ſont les entrees de leur deſa-
ſtre, fumees ſeiches, & nuees ſans eau; de ſi petit moment au prix de l'Eternité, que ceux qui

verſ. 19.
les iugent de bons yeux, *s'eſbayſſent comment*
*ils ont eſté deſtruits ainſi en un moment, comment*
*ils ſont defaillis & ont eſté conſumés d'eſpouvan-*
*tement. Certainement l'homme ſe promeine par-*
*mi ce qui n'a qu'apparence, & ſe tempeſte pour*

Pſe. 39.
*neant; Ses iours ſont comme foin, il fleurit comme*
*un champ.* Car le vent eſtant paſſé par deſſus ſa
beauté, elle n'eſt plus; & ſon lieu ne la cognoiſt
plus; ſes ans ſont comme un ſonge quand on
s'eſt reſveillé; & le Seigneur mettra en meſpris
leur reſſemblance, quand il ſe reſveillera: les
playes des ennemis de Dieu ſont ſans gueriſon,
& celle de ſes enfans à ſalut; le ſang de ceux-la
affoiblit cettui-ci, purge & retranche ce qui
nuit. Et c'eſt pourquoi quand l'ordonnance
de Dieu ira devant, ie prendrai moi-meſme &
de bon cœur le caillou trenchant pour la cir-
conciſion, comme fit la Sephora de Moyſe:
mais il ne m'adviendra point comme à elle de
me prendre à mon Seigneur, & l'appeller mari
de ſang.

Ie voi parmi vous le laboureur, des mains
duquel on arrache le pain qu'il avoit tiré de
**la**

la terre pour se nourrir, & pour autrui; & l'homme du travail duquel les sueurs espuisees dege-
nerent en sang. Ie voi le marchant rançonné,
appauvri, & ses adversaires enrichis de sa iuste
substance iniustement. Ie voi les fideles pa-
steurs estre buttes aux outrages des puissants in-
solents; dirai-ie aussi de leurs troupeaux eschap-
pés, & des bouches blasphemantes? Ie voi les
vaillants d'Israël & vrais chevaliers qui ont fait
cheoir les murs de Ierico, deffendu ceux de Ierusalem, delivré les citoyens, franchi les tran-
chees ennemies, garanti les royaumes & les
Rois, sauvé les couronnes & les testes qui les
devoyent porter, regarder de costé glorieux les
carquants, autresfois couronnes distinguees de
elles honorables & profitables actions, ores,
di-ie, les voyent avec iuste douleur parer les espaules des plus lasches, refusees aux victorieux;
parer le col à qui une corde seroit mieux em-
ployee, & le licol que le carquant. I'exhorte les
premiers à porter encores un peu les briques
& les pots d'Egypte, laquelle tost leur est don-
ee en pillage. Bourgeois, marquez vos portes
& poteaux du sang de l'agneau : l'Ange vient
espandre celui de vos oppresseurs. Vous Moyses & Aarons, portez constamment les reproches des mutins, s'ils arrivent aux frontieres de
la terre promise.

Et vous preux de Iuda, mesprisez les vaines
marques des honneurs, puis que donnees iniustement: elles ont esté nommees colliers à toutes bestes, & elles sont symboles de l'orgueil

& non de la vertu: foulez aux pieds les couronnes deshonorees & salies par les testes viles qui
les ont portees: il vaut mieux qu'on demande
pourquoi vous ne les avés pas que si on deman-
doit, pourquoi on vous en a honorés. Quittez
ioyeux ce qui sent la boüe & la terre ; quittez
sans regàrder à regret Sodome bruslante, car il
vous faut aspirer , & bien tost parvenir à la
couronne celeste qui fleurit à l'Eternité.

Voila les enseignemens de la fille du ciel,
des oracles du sacré lieu, qu'il vaut mieux recevoir par les mains de l'Eglise que par les contes
que nous faisós de nos doigts. Doctrine qui est
de dure digestion, & pourtant bien heureux les
petits enfans , pour qui cette douce mere con-
vertit en laict des viandes sacrees recuites dans
les mammelles , & dans le sein qui a part à nos
douleurs.

Nous confessons donc, ô Dieu, que nous t'a-
vons offensé en nos pensees, quand nous avons
mesuré tes iugemens à nostre aulne , estimé tes
verges à deffaveur, & la prosperité mondaine,
felicité.

vers. 22. *Nous avoüons avoir esté lors abrutis, n'ayant*
*aucune cognoissance & avons esté bestes en ton en-*
*droit.* Car pour neant nous as tu eslevé le visage
en haut & vers le ciel , si nous prenons les re-
gles de nostre iugement ailleurs que d'enhaut
iustemét ployeras-tu la face vers la terre (comme aux bestes brutes) à ceux qui prenent loi des
choses basses, & les contemplent comme but
principal.

Voi

Voici donc la resolution que chacun fidele prend, & proteste suivre apres les leçons de la Sapience, & ce qui s'apprend au sanctuaire du Fort. Il doit dire à son Dieu, *Ie serai dõc tousiours* *verf. 23.* *avec toi, puis que tu m'as pris par la main droicte.* N'abãdonne point cette conduite, ô Pere de lumiere, & serre estroitemẽt la main que tu as prise, afin que ie ne me desvoye en me souftrayant.

Réforce cette main droite que tu as prise pour le bon combat de ton parti, & tu l'asseureras de la victoire, en lui disant: *Ie suis ta delivrance:* In- *Pse. 35.* strui mõ foible esprit, que les sagesses des hommes sont folies, leur force foiblesse, leurs richesses pauvretés; & qu'en foulant aux pieds l'esperãce de ces choses, *tu me conduiras par tõ conseil,* *verf. 24.* *& puis me recevras en gloire.* Les guides du monde sont aveugles, les propos des habitans de la terre incertains: car toi seul disposes, tu t'abaisses pour regarder és cieux & en terre, & n'y a que toi de qui on puisse dire, *L'Eternel gardera ton is-* *Pf. 121.* *suë & ton entree dés maintenãt & à tousiours.* Pour- *verf. 25.* quoi irai-ie cercher en ce bas monde quelque seconde divinité? *Et qui est esgal és nues à l'Eternel? qui* *Pse. 89.* *lui est semblable entre les fils des forts? Quel autre* *verf. 25.* *ai-ie au ciel? or ie n'ai pris plaisir en la terre qu'ẽ toi.*

Tu n'as que faire de nos mains pour aider à nostre delivrance, *Le Roi n'est point sauvé par u-* *Pse. 33.* *ne grosse armee, l'homme puissant n'eschappe pas par sa grande force, le cheval faut à sauver, & ne delivre point.* Mais tu prends plaisir à relever le mi- *Pse. 113.* serable de la poudre, *pour le colloquer aux honneurs de ton peuple; tu soustiens tous ceux qui s'en vont tomber, & redreſſes tous ceux qui ſont* *Pſe.145.* *courbés; tu es prochain de tous ceux qui ont le cœur rompu, & delivres ceux qui ont le cœur briſé.*

*verſ.26.* Il a paru en ce que *ma chair & mon cœur e-ſtoyent defaillis quand tu m'as tendu la main : auſ-ſi ſeras tu le rocher de mon cœur, & mon partage à touſiours.*

Bien-heureux qui ſe r'allie à toi, qui marche ſous tes bannieres ; car les victoires marchent *verſ.27.* de ce front ; *& voila ceux qui s'eſloignent de toi periront, tu retrancheras tous ceux qui ſe deſbau-* *Pſe. 55.* *chent de toi : & puis tu te trouves en perſonne en la bande qui me ſouſtient.* Doux le labeur, doux le peril que l'on ſubit, pour & avec l'Eternel *le* *Pſe. 68.* *Dieu Tres-fort, qui retient les iſſuës de la mort en ſa puiſſance.*

Ie ne porterai donc *point d'envie, & ne me deſ-* *Pſe. 37.* *piterai point à cauſe des gens meſchans. Ie ne ſerai point ialoux de ceux qui s'adonnent à perverſité.* Courent les condamnez à leurs faux Dieux, & *verſ.28.* à leurs vaines eſperances ; *Quant à moi, d'ap-procher mon Dieu, c'eſt mon bien : i'ai ma retraite ſur le Seigneur, afin que ie raconte ſes ouvrages. Il mettra en avant ma iuſtice comme la clarté de l'au-be, & ma preud'homie comme le midi :* encor un *Pſe. 37.* peu de temps, & le meſchant ne ſera plus. *Ie l'ai veu terrible & floriſſant comme le verd laurier, mais il eſt paſſé, & voila il n'eſt plus ; Ie l'ai cerché, & ne l'ai point trouvé.*

Encores avons-nous une remarque notable. C'eſt qu'entre les angoiſſes les plus piquantes des bons affligés, ſe fait ſentir la comparaiſon de leurs

leurs miseres aux insolentes prosperités des
meschans. Et n'est pas que le Lazare, estant sub-
ject aux passions humaines, ne trouvast ses hail-
lons encores plus vils, à l'esgard de l'escarlate
du riche: & le pain moisi, qu'on lui avoit ietté,
plus sec, en voyant passer les morceaux delicieux desquels on alloit servir le prosperant. Et
ainsi se peut dire de toutes les autres parties, qui
font differer la richesse d'avec la pauvreté. Or
Dieu seul parfait en iustice observe en elle les
analogies des pechez aux punitiós. Et les com-
paraisons qui ont affligé les enfans de Dieu en
ce siecle en choses pareilles, s'observeront iuri-
diquement en l'autre. Car le riche en ses de-
stresses fait comparaison de son mal-heureux
estat à la felicité de son mesprisé. Nous lisons
en quelque escrit de ce temps, une peincture de
l'estat des damnez, auquel est apporté cette có-
paraison en ces termes.

*Or de ce dur estat le poinct plus envieux,*
*C'est sçavoir aux enfers ce que l'on fait aux cieux,*
*Où le camp triomphant gouste l'aise indicible,*
*Cognoissable aux meschans, & non pas accessible:*
*Où l'accord tres-parfait des douces vnissons*
*A l'univers entier accorde ses chansons:*
*Où tant d'esprits ravis esclattent de loüanges,*
*La voix des Saincts unis avec celle des Anges,*
*Les orbes des neuf cieux, des trompettes le bruit,*
*Tiennent tous leur partie à l'hymne qui s'ensuit.*

Venez afflictions; elles me sont douceurs pour
Christ, qui m'est gain à vivre & à mourir : les
pertes des biens me sont richesses, quand ils

ſont quittés pour Dieu. Vienne l'exil, que ie
ſois banni des Idolatres, & eux de moi ; que ie
ſois ſeparé d'eux, pourveu que mon peché ſoit
ſeparé auſſi: mais rien ne me ſeparera de la dilection de Chriſt, ni oppreſſion, ni angoiſſe, per-
ſecution, famine, nudité, peril, ni eſpee, eſtant
aſſeuré que ni mort, ni vie, ni Anges, ni princi-
pautés, ni puiſſances, ni choſes preſentes, ni à
venir, ni hauteſſe, ni profondeur, ne pourront
auſſi nous ſeparer de la dilection de Dieu qu'il
nous a monſtree en Ieſus Chriſt. Si l'homme
charnel qui eſt en nous repugne à ces hautes
penſees, voici les leçons qu'il lui faut donner,
les verges en la main.

Pour te monſtrer la difference des choſes, qui
ſont à craindre, ou à eſperer : toutes les choſes
dont le móde te peut menacer, ſubjettes à la cognoiſſance de ton œil qui les void, de ton oreille qui les oit, l'eſprit qui les iuge, l'eſprit qui les
apprehéde, & tels objects ne ſont que de la meſure des ſens, puis qu'ils tombent ſous eux.

Mais les choſes à eſperer, ſont celles qu'œil
n'a veuës, qu'oreille n'a ouyes, qu'aucun eſprit
n'a eſté ſuffiſant de comprendre, nul n'a peu de-
ſirer.

Embraſſe donc les afflictions les yeux au ciel,
en diſant, Quand tu me meurtrirois, ſi te beni-
roye ; embraſſe la mort, deſireux de dire de cœur
& de bouche en ſentant ces amertumes,

*Si eſt-ce que Dieu eſt tres-doux.*

OCCA-

# OCCASION ET ARGV-
## *ment de la Meditation faicte*
### *sur le Pseaume 51.*

SVr une repentance que fit le Roi, e-
stant Roi de Navarre, à la Rochelle,
l'Autheur lui fit present de cette meditation : laquelle fut lors tresbien re-
ceuë, & plusieurs fois prononcee par sa Majesté, avec toutes les contenances d'un cœur con-
trit & repentant.

1. PSEAVME de David baillé au maistre
chantre pour le chanter.

2. Touchant ce que Nathan le prophete vint
à lui apres qu'il fut entré vers Bathscebah.

3. O Dieu, aye pitié de moi selon ta gratuité, selon
la grandeur de tes compassions, efface mes forfaits.

4. *Lave-moi tant & plus de mon iniquité, &*
*me nettoye de mon peché.*

5. *Car ie cognoi mes transgressions, & mon pe-*
*ché est continuellement devant moi,*

6. *I'ai peché contre toi, contre toi proprement :*
*& ay fait ce qui est desplaisant devant tes yeux, afin*
*que tu sois cognu iuste quand tu parles, & trouvé*
*pur quand tu iuges.*

7. *Voila, i'ai esté formé en iniquité, & ma mere*
*m'a eschauffé en peché.*

8.   *Voila, tu aimes verité au dedans , & tu*
*m'as enseigné sapience dedans le secret de mon*
*cœur.*

9.   *Purge-moi de peché avec hyssope , & ie*
*serai net : lave-moy , & ie serai plus blanc que*
*neige.*

10.   *Fai-moi entendre ioye & liesse,& que les os*
*que tu as brisez se resiouyssent.*

11.   *Destourne ta face arriere de mes pechez,&*
*efface toutes mes iniquitez.*

12.   *O Dieu , cree en moi un cœur net , &*
*renouvelle au dedans de moi un esprit bien*
*remis.*

13.   *Ne me reiette point de devant ta face,&*
*ne m'oste point l'esprit de ta saincteté.*

14.   *Ren-moi la liesse de ton salut, & que l'esprit*
*franc me soustienne.*

15.   *I'enseignerai tes voyes aux transgresseurs,*
*& les pecheurs se convertiront à toi.*

16.   *O Dieu, Dieu de mon salut, delivre-moi de*
*tant de sang : ma langue chantera hautement ta*
*iustice.*

17.   *Seigneur, ouvre mes levres,& ma bouche*
*annoncera ta loüange.*

18.   *Car tu ne prens point plaisir aux sacrifices,*
*autrement i'en bailleroy : l'holocauste ne t'est point*
*agreable.*

19.   *Les sacrifices de Dieu, sont l'esprit frois-*
*sé : ô Dieu, tu ne mesprises point le cœur froissé &*
*brisé.*

20.   *Fai bien selon ta bien-veillance à Sion,&*
*edifie les murs de Ierusalem.*

21.  *Adonc*

21. *Adonc tu prendras plaisir aux sacrifices justement faits, à l'holocauste & sacrifice qui se consument entierement par feu : adonc offrira-on des bouveaux sur ton autel.*

# MEDITATION SVR
## le Pseavme 51.

*Misericorde au pauvre vicieux, &c.*

ISERICORDE, ô Dieu, misericorde à moi qui tremble au nom de ta justice. J'ai besoin à ce coup que tu desployes toutes tes grandes commiserations : car mon peché semble devoir espuiser l'immense de ta pitié. J'ai peché sans mesure, si haut est l'amas de mes ordures : chacune d'elles noires de tant de suye qu'il faut laver plus de sept fois. Le bain de Siloé , ni le Iordain entier ne me peuvent rendre net ; il est besoin que la source de ta grace soit plus feconde que tous les fleuves de l'Vnivers. *Eternel aye souvenance de tes compaſ-* Pſe. 25. *sions , car elles sont de tout temps : mais n'en aye point de mes pechés pour l'amour de ton Nom. Tu* verſ. 11. *peux pardonner mon iniquité, quoi qu'elle soit grande ;* Vueilles estre par pitié mon Advocat, qui nous prens par la main comme enfans de la maison, nous arrachant du poing de ta justice, qui nous veut trainer en criminels. La pitié

E

nous ouvre ton sein, l'autre les cachots, une nous monstre la sereine face d'un pere, l'autre d'un juge qui a le front ridé: l'une nous ouvre l'aube & l'esperance de la vie, l'autre nous veut enclorre aux tenebres de mort. Mes trangressiós effroyables m'espouvátent, leur odeur me vient au ronge, grondent à mes oreilles, la nuict sifflent comme serpens, se presentent sans cesse à mes yeux comme un spectre effroyable, & avec lui la laide image de la mort: le pis est, que ce ne sont pas vaines fumees de songe, mais vifs tableaux des actions.

L'ingenieux Dæmon (qui se fait tenir pour Dieu, & se fait peindre en enfant chez les Payens) m'ayant d'esguisé le nom de mon forfait, l'adultere en amour, l'homicide en hardi, & le traistre en habile, m'a conduit de degré en degré à l'extremité de toutes meschancetés. Il m'a enflammé de trop d'amour d'autrui, & de celui de moi-mesme, me faisant meriter par tel moyen la haine de tous, & celle de moi-mesme.

Le subtil fait le mestier de peindre quand il veut: son pinceau m'a fait voir les beautez, douceur, & un paradis de delices, qui demeurent, quand il a changé de region, horreurs, amertumes, & un enfer de torments. Le mesme qui avoit espié les heures inquietes de la nuict, ou les oiseuses du jour pour me meiner aux precipices, m'affronter à tous mes resveils de la nuict & toutes mes pauses du iour, un portrait effroyable, un vilain bouc puant de paillardise, un espouvantable crocodile, qui pleure pour

tra-

trahir, un loup qui a les dents fanglantes d'un aigneau domeftique, ou du petit chien fidele qui gardoit la maifon; & puis fans portraict me fait, dans fon miroir, voir ces mefmes chofes en m'y voyant ; lui auffi ne fe prefente plus comme un enfant, mais comme un vieux fer-pent.

Ainfi les yeux qui m'attirent m'effrayent, & qui furent organes de peché, font deve-nus inftruments de punition : defloyal peintre, qui a nos efprits pour papier, & pour tablettes nos cœurs.

Ie reviens à mon crime; qui ne s'eftant pas contenté d'offenfer les hommes, a defployé ma temerité contre Dieu. Ouy, ie me fuis pris à toi, ô Eternel; moi qui fuis un ver, & non point un homme, opprobre des hommes, & le mef-pris du peuple , defguiferai-ie mon forfait de-vant celui qui cognoit & fonde, voire iufques au dernier poinct, les plus fins cœurs de tout le monde? que ferai-ie ? cercherai-ie des ob-jects contre le fidele tefmoin , duquel feul la parole eft verité? ou bien corromprai-ie le feul & iufte iuge , duquel i'ai prefché la droiture, fans qu'il y ait en lui aucune forfaicture ? Et puis dequoi ferai-ie mes prefens à celui au-quel appartiennent le donneur & les dons?

*Le Dieu Fort renverferoit-il le droit ; & le* Iob 8.3.
*Tout-puiffant la iuftice? L'homme mortel fe* Iob 9.2.3.4.
*iuftifiera-il envers le Dieu Fort ? S'il veut*
*difputer avec luy , il ne lui refpondra point*
*de mille articles à vn : il eft fage de cœur,*

*& robuste de force ; qui est-ce qui s'est opposé à lui &*
*s'en est bien trouvé ?*

Quoi donc ? me deffendrai-ie contre le Dieu
des armees, le puissant végeur mon Roi & mon
Souverain ? aurai-ie recours aux armes contre
le bras qui peut par son pouvoir faire trembler
des armes la puissance ? lui mettrai-ie en teste
un chevalier, un geant, pour debattre mó droict
à la lance & à l'espee ? Celui qui m'accuse vain-
cra tout champion qui lui contredira ; les bra-
ves seront abbattus sous lui : car quand il est
question de sçavoir lequel est le plus fort, voila, il est le Fort, & toute force est foiblesse devant lui.

Ne pourroi-ie traiter par arbitres ? il n'y a
personne qui prinst cognoissance de la chose
d'entre-nous, & usast de main-mise, sur nous
deux. *Comment eschapperai-ie, ô Dieu? tu me tiens*
*serré devant & derriere ; tu as mis sur moi ta main.*
*Si ie vai arriere de ton esprit, ou hors de ta face : Si*
*ie monte aux cieux tu y es ; Si ie me trouve dans les*
*abysmes, t'y voila. Si ie prends les ailes de l'aube*
*du iour, & me loge derriere la mer ; là aussi me*
*conduira ta main, & ta dextre m'y empoignera.*
*Si i'ay dit, Au moins les tenebres me couvriront,*
*voila la nuict qui te servira de lumiere autour de*
*moi, les tenebres ne m'oseront cacher arriere de toi.*

Mais n'y a-il point quelque partie en moi que
ie te puisse monstrer pour nette ? Helas non ! Tu
dis que ma mere m'a conceu en peché, & que le
germe de ma vie fut eschauffé dans la bourbe de
l'iniquité.

Ai-ie

*Pse. 139. 5.*

*vers. 8.*

*vers. 9.*

*vers. 10.*

Ai-ie point quelques bonnes œuvres pour couvrir les autres en traittant de represailles a-vec l'Eternel ? Ie n'apporterois que pechez sur pechez ; car les meilleures actions de l'homme sont ordes & puantes comme le flux de la femme. Que te monstrerai-ie ? que t'offrirai-ie ? tu veux la pureté au dedans & l'innocence.

Emprunterai-ie de l'ignorance ses ailes de crespe noir, moi que tu as comme ton enfant & dés le berceau instruit de tes volontez ? *O Pf. 71. v.17.* Dieu, tu m'as enseigné dés ma ieunesse, & iusques ici i'ai annoncé ma condamnation.

Et ainsi toutes les voyes que ie tiens me con-traignent à venir cercher ta droite, & recourir à ton sein deboutonné à nos requestes, auquel seul y a propitiation. Tu es seul Souverain Sa-crificateur ; pren en ta main l'hysope teinte au costé de ton Fils ; lave comme de rosee au lieu de gresle ; employe cet hysope, qui rend les a-mes noircies plus blanches que la neige : neige que ie passerai en blancheur par l'efficace de ton aspersion.

Fai-moi ouyr la nouvelle de ma delivrance par le tesmoignage interieur de ton Esprit, qui me prononce ma grace, son interinement sur la sellette de mon humilité, afin que ces os & moëlles fondues devant le feu de ton courroux soyent restituees en la restauration du mourât, & restablissement du perdu. Qu'est-ce que tu tiens si long temps les yeux fichés sur mes for-faits ? cache ta face d'eux, mais non pas de moi. Que veux-tu faire de cette balance à peser ? en

E iij

laquelle si tu me mets d'un costé, & un rien de
l'autre, ce rien pesera encores plus que moi.
Que veus tu faire de ce glaive trenchant de
deux costez, puissant, à la dissipation, de manier des barres & des foudres? Mets ces choses
à part pour les ennemis de ta gloire, pour les
loups & lions qui dissipét tó troupeau:Cótente
toi de la verveine; & frappe sur moi en espar-
gnãt tó peuple;& à la fin efface de tes tablettes
mon procez pour retourner à ton œuvre en-
commencee,assavoir,la perfection de mon sa-
lut:puis que ce que tu as une fois commencé
& advancé tu ne le delaisses point.

*Pseau.138.*

Rens ce que tu as creé,restabli ce qui estoit *ve-*
*nu,*ou donne un cœur nouveau pour nouveaux
desirs,un esprit de mesme pour comprendre tes
bontés & se resiouir en toi: car le mien a perdu
l'usage & la ioye:une ame nouvelle,pour s'em-
braser en ton amour:remplis mes entrailles de
charité qui monte au ciel, arreste ces mouvements esgarés de ma vie, approche la leur de
cette face en la contemplation de laquelle ie
vis seulement:ne retire pas ton Esprit, sans lequel ie ne suis qu'une anatomie de la puante
charoigne d'un mort. Oserai-ie te prier de descendre en mon sepulchre:Restitue en moi & la
vie & la ioye; refai-moi tel,que tu prenes plaisir à me regarder;& lors,moi miserable(qui par
mon exemple ai monstré aux autres le chemin
de perdition) & de voix & de cœur devien-
drai un docteur de repentance, un miroir de ta
grace, un eschantillon de ton pouvoir,en me
　　　　　　　　　　　　　　　　　　don-

donnant un esprit nouveau, & non content de
me l'avoir donné, le maintenant en moi renou-
vellé.

Tu t'en serviras à convertir ce que i'aurai
perverti; de la mesme main qui m'a tiré du parc
aux palais, qui de berger m'a fait Roi, qui m'a
eslevé de la bouë pour me colloquer aux honneurs, qui de la conduite des brebis m'a pro-
meu à celle des peuples, voire d'Israel, de cette
main tu me fais pecheur prescheur & pescheur
d'hommes. Mutation plus miraculeuse que la
premiere, puis que tu me prends aux cachot des
criminels de mort, & comme dans la fosse de
l'enfer, pour m'employer au mystere de vie, &
aux thresors du Royaume des cieux.

Ce sont les effects de ta puissance & de ta
bonté. Qui eust dit que ces pieds du persecu-
teur, auquel les lapideurs du premier couronné
avoyét baillé leurs vestemés en garde, peussent
iamais devenir beaux? or ils ont esté beaux &
bien venus, pource que *beau sont les pieds de
ceux qui annoncent la paix:* & ils ont porté celui
qui a anoncé la paix aux Gentils.

Où suis ie? En disant ces choses ie pense voir
encor sur mes mains & sur mes habits quelque
tache du sang innocent que i'ai respandu : cette
apprehension me fait rougir comme le sang
mesme de honte, couvre ma face de confusion,
ne puuvant penser comment ma bouche, qui a
prononcé blasphemes, pourroit devenir orga-
ne de tes louanges; & mes scandales degré d'e-
dification.

Oste de moi ce sang qui m'estonne, & me réd
un spectre à moi mesme. Ouvre mes levres fer-
mees de mon spasme; desserre mes dents que ie
sens grincer d'effroi;& lors ma bouche esclate-
*Pse. 22.v.23.* ra le chant de tes bontés;& lors *ie declarerai ton
nom à mes freres,ie te louerai au milieu de la congregation , & dirai.*

*verf.22.*    *Vous qui craignez l'Eternel,loués-le:toute la race de Iacob , glorifiés-le ; & toute la race d'Ifrael,
redoutez-le : car il n'a point mefprisé ne defdaigné
la misere de l'affligé: & n'a point caché sa face arriere de lui : ains quand il a crié vers lui, il l'a e-
xaucé.*

*Ma loüange commencera de par toi : en la gran-
de congregation ie rendrai mes vœux en la presen-*
*Pf. 119.v.46.* *ce de ceux qui te craignent : Ie parlerai de tes
tefmoignages devant les Rois, & ne rougirai point
de honte.*

Purge les mains qui n'osent se ioindre vers
le ciel, ni manier les sacrifices pour te les presenter,pour ne souiller les holocaustes en te les
*Pse. 26.v.6.'* offrant; & puis *ie laverai mes mains en innocence, & circuirai ton autel pour esclater en voix d'a-
ction de graces,& raconter toutes tes merveilles.*

Or voici ton inspiration : i'empoigne premierement les cornes de l'autel ayant besoin de
refuge ; & puis ie porte en ton temple les dons
plus agreables qu'aucun troupeau de bestes af-
fommees; c'est un cœur abbatu,un courage atterré, une ame froissee ; toutes ces parties, aux
pieds de l'autel, comme bestes qu'on immole;
ma chair esgorgee, bruslee devant toi , si bien
qu'il

qu'il n'en demeure que les cendres : tout ploye
vers terre , hors mis les yeux qui tendent au
ciel en me conviant d'estre partie d'un tel sacrifice. Ie me souviens que tu demandes les be-
tes sans tache : & que sont devenues mes ma-
cules ; cett' hysope que i'ai demandé les a em-
portees bien loin, si que ie me presente nettoyé
de ta main.

C'est cette main qui fait tant de merveilles
sans peine , qui abbat du throsne les orgueilleux, & tire de la bouë le pauvre gisant sur terre, pour le colloquer aux honneurs, voire aux
honneurs du peuple de Dieu ; & de mesme tire
un Ioseph de la prison pour lui donner en main
les resnes d'un Royaume , les libertez de ceux
qui le tenoyent captif , & les vies de ceux qui
disposoyent de la sienne. A quoi nous attache-
rons les exemples de Henri quatriesme en France, & en Angleterre d'Elizabeth. Et de plus, la
mesme force (comme nous avons dit) qui ope-
re ainsi aux oppressions & exaltations , le fait
aussi aux mutations des esprits: tesmoin Paul le
prescheur excellent & constant martyr, qui lavé du sang espandu est fait d'un loup ravissant u-
ne brebis de buisson. C'est elle encore qui re- *Coloss. I. v.*
concilie toutes choses à soi , ayant fait la paix *20. 21. & 22.*
par le sang de la croix: & ceux qui estoyét estrā- *le mesme aux*
gers de Christ & estoyét ses ennemis en leur en- *Ephes. 5.*
tendemét, prests à toute mauvaise œuvre; ceux-
là reconciliés au corps de sa chair ont esté ren-
dus saincts, sans tache, & irreprehensibles devant Dieu.

Desploye, Seigneur, cette main à me relever
de mon odieuse bouë : tu vois la haine que ie
me porte à cause de mes pechez : c'est toi seul
qui tires du sueil de l'enfer mon esperance pro-
sternee. Et comme les pensees que tu me donnes sont arres & avant-coureurs d'un plus grãd
ottroi, meine mon esprit où ma foi & mes regards sont desia volés, asçavoir au sein de ta grace, & au giron de tés douceurs. Desia ie sens le
courage d'un exaucé, pour apres t'avoir invoqué pour moi-mesme, t'oser prier pour ta Sion.

Pſ.73.23.
Le conseil que tu m'avois ordóné m'avoit tousiours guidé fidellement;Si bien que *quelques aſ-*
Pſ.69.10.
*ſauts que i'aye ſenti,i'ai touſiours tenu tõ parti;& le*
*zele de ta maiſon*(quoi que tant infirme) *m'a mã-*
Pſc. 51.20.
*gé.* I'ose donc, ainsi bruslé de ce zele, m'escrier,
*Vueilles rebaſtir les murs de ta Ieruſalē.* Pour nos
Pſe. 89.
demerites tu les demátelles,mesmes par les bras
qui les avoyent gardees. Tu nous as donné dequoi dire avec deux de tes grandsProphetes,*Tu*
v. 40.
*as reietté l'alliance de tõEgliſe,tu as ſoüillé ſa cou-*
v. 41.
*ronne,la iettant par terre: tu as rõpu toutes ſes cloi-*
v. 42.
*ſons: tu as mis ſes fortereſſes en ruine: Tous ceux qui*
*paſſoyent par le chemin l'ont pillee: elle a eſté miſe en*
v. 43.
*opprobre à ſes voiſins.Tu as ſurhauſsé la dextre de*
*ſes adverſaires: tu as reſiouy tous ſes ennemis: tu as*
v. 44.
*auſſi rebouché la pointe de l'eſpee de ſes vaillans, &*
v. 45.
*ne les as point redreſſees en la bataille ; tu as fait ceſ-*
*ſer la ſplendeur,tu as ietté par terre ſon throne: tu as*
v. 46.
*accourci les iours de ſa ieuneſſe , & l'as couvert de*
*vergoigne.*

Certes nous pouvons dire que les sangliers
& be-

& bestes sauvages ont degasté la vigne du Seigneur : ie dis que sa haye a esté arrachee, & non
couppee;pource que les hauts aubespins &plus
fleuris de cette haye se sont laissés desraciner
par les menaces & promesses de l'ennemi de
cette vigne & de Dieu mesme.

Nous pouvons dire avec Ieremie, que Sion *est*   Lament. de
*devenue vefve:elle ne cesse de pleurer de nuict,& ses*   Ieremie.
*larmes sont sur ses iouës ; il n'y a pas un de ses amis*   Chap.1.v.1.
*qui la côsole:Ses intimes se sont portés desloyaument*   vers.2.
*contre elle: & lui sont devenus ennemis.*

Tout *l'honneur de la fille de Sion s'est departi*   vers.6.
*d'elle:ses principaux sont devenus semblables à des*
*cerfs affamés, & ont marché destitués de force de-*
*vant le poursuivant.*

Tous *les passants ont frappé des mains sur elle,*   Ch.2.v.15.
*ils ont sifflé & hoché leurs testes contre la fille de Ie-*
*rusalem, disans, Est-ce ici, la ville qu'on nommoit*
*La parfaite en beauté?*

Le *Seigneur a esté comme un ennemi: il a abysmé*   Ch.2.v.5.
*Israel,il a dissipé les palais,& toutes ses forteresses.*

Et *a pourpensé de destruire la muraille qui cou-*   vers.8.
*vroit la fille de Sion : il a estendu le cordeau, & n'a*
*point retenu sa main qu'il ne l'ait abysmee; & a de-*
*solé la muraille & l'avant-mur. Ses portes sont en-*   vers.9.
*fondrees en terre ; il a destruit & brisé ses barres.*
*Muraille de la fille de Sion, iette larmes iour &*   vers.18.
*nuict comme un torrent; ne te donne point de repos,*
*que la prunelle de tes yeux ne cesse point. Le ieu-*   vers.21.
*ne enfant & l'ancien ont esté gisans en terre par*
*mes rues: mes pucelles & mes gens d'eslite sont tom-*
*bés par l'espee* comme s'ils eussent esté pareils:

*ô Dieu, tu as tué au iour de ta cholere ? tu as massa-*
*cré: tu n'as point espargné.*

Chap. 4. v. 13.　*C'est pour les pechez de nos Prophetes, les ini-*
*quitez de nos Sacrificateurs, qui ont espandu le*
*sang des iustes au milieu de Ierusalem :* Aussi ses
prophetes n'avoyent preveu que choses vai-
Chap. 5. v. 8. nes. Adjoustez encores, *Les serfs ont dominé*
*sur nous, & personne ne nous a receus de leurs*
*mains.*

vers. 12.　　　*Les Principaux ont esté pendus par la main d'i-*
*ceux, & n'a-on porté aucune reverence à la face des*
*Anciens.*

Nous apprenons de David à dire :

Pse. 79.　　　*Les nations sont entrees en ton heritage ; ils ont*
*polu le temple de ta Saincteté, ils ont mis Ierusalem*
vers. 2.　　*en monceaux de pierres. Ils ont donné les corps*
*morts de tes serviteurs pour viande aux oyseaux des*
*cieux, & la chair de tes bien-aimés aux bestes de*
vers. 3.　　*la terre : ils ont respandu le sang d'iceux comme eau*
*à l'entour de Ierusalem, & n'y avoit personne pour*
*les ensevelir.*

O Dieu, qui as arraché mes hayes par ton
courroux, redresse les autour de la troupe saincte, & rends encores Ierusalem ceinte de môts
de toutes parts ainsi que de rempars : ren son
mur eslevé plus haut que l'eschelle, & que l'esperance de ses ennemis, quelques hautains
qu'ils soyent.

Oste nous la confiance que nous avions aux
grandeurs, aux forces humaines, & en la fidelité des viellards qui se sont endormis : rempare
nous des montagnes de prophetes, d'un mur

de

e pierres vives, qui ſont celles deſquelles tu
ais des enfans à Abraham. Donne nous pour
ondement, & mets au principal endroit du
oin, cette angulaire tant rejettee par les archi- **Pſe. 118.**
ectes d'erreur. Donne nous pour portes celles
de la nouvelle Ieruſalem, eſtoffees de gemmes,
& pierres precieuſes Et puis que tu nous as fait
entir la fragilité des humains, fai nous eſprou-
ver la ferme aſſiſtance du ciel. Sois la veille d'I-
ſrael, qui ne ſommeille iamais; ſoleil & bouclier de la permanente cité.

Et pource que, *C'eſt en Iudee proprement que* **Pſ. 76. 2. & 3.**
*Dieu eſt cogneu, que ſon Nom eſt grand en Iſraël,*
*que ſon tabernacle eſt en Salem, & ſon domicile en*
*Sion :* que c'eſt en ton temple (qui eſt ton Egliſe) & non ailleurs, que te ſont agreables nos ſa-
crifices.

C'eſt une charité hors la meſure de nos ſens,
que le Tout-puiſſant createur de tout l'Vnivers, Conſervateur de tout ce qui a eſtre; qui a
pour haut dais les Cieux des cieux, la terre
pour marchepied ; qui ſeigneurie par tout,
qui ſe fait obeyr ſans peine en toutes ſes Sei-
gneuries; ait voulu choiſir de tant de Royaumes, un Royaume; de tant de Provinces, Canaan ; de tant de montaignes Sion ; de
tant de peuples, un peuple acquis, ſainct &
ſeparé ; duquel il eſt dit, *Tous peuples du mon-* **Pſe. 147.**
*de habitable n'ont pas un traittement ſembla-*
*ble, Car ſes ordonnances ſacrees il ne leur a pas* **Pſe. 148.**
*declarees :* & puis *d'Iſraël, di-ie, par expres,*
*Peuple qui lui touche de pres,* que ce troupeau

bien-heureux foit feul par qui il veut eftr
loüé.

Mais voici une feconde charité qui furpaf
fe la premiere ; que là nation efleuë ayant re
noncé ou crucifié le Sauveur & Dieu de Gloi
re , il à mis la main fur nous ; & fans occafion
de choix , en ce qui eftoit du noftre , nous
tirés d'entre les idolatres courans apres les bois
& la pierre , pour nous adopter en la place &
au rang des enfans d'Abraham : fi bien que
nous puiffions dire de nous , que c'eft en fa
treffainéte cité qu'il à choifi fa demeure , &
que c'eft de nous qu'il veut fes loüanges ; en
nous, di-ie , eft accomplie la prophetie de Da
Pfe.87. v.I.   vid, difant: *Dieu pour fonder fon tabernacle aime*
verf. 2.   *les portes de Sion, pluftoft que tous les tabernacles*
*de Iacob.*

verf.3.   *Ce qui fe dit de toi cité de Dieu, ce font chofes*
*honorables. Selah!*

verf. 4.   *Ie ferai mention de Rahab & de Babylon, entre*
*ceux qui me cognoiffent : voici Paleftine, & Tyr, a*
*vec Cus : cettui-ci eft né là.*

verf. 5.   *Et de Sion fera dit , Cettuy-ci & Cettuy-là*
*eft né en icelle : & le Souverain mefme l'efta-*
*blira.*

verf.6.   *Quand l'Eternel enregiftrera les peuples, il lu*
*mettra par conte , & dira , Cettui-cy eft né là:*
*Selah.*

Eftant authorisé de titre fi advantageux, l'ef
poufe du Ciel , qui pleure fon Fils perdu au
iour de fes nopces, ofe plaider fon droiét contre fon Seigneur , & dire, Puis que tu m'as ap-
pel

ellee à un si haut heritage , ne me laisse point
n friche & en masures. Ie dois devenir une
ité, qu'elle ne demeure point demolie : ren
a digne de ton habitation. Te faut-il soliciter
le bastir ta maison ? Tu as ietté dans les fondements douze pierres si precieuses : mes dou- *Apoc.ch.21.*
ze portes doivent estre de perles. Sois mon
temple , mon Soleil , & moi ta Lune : qu'il
n'entre point en moi d'abomination ; mais y
conserve l'arbre de vie, qui porte au milieu de
moi fruicts delicieux. *O Eternel , destourne ta* Pse.79.6.
*malediction aux Royaumes qui n'ont ta cognois-*
*sance ,* & desquels il est dit, *Leurs cris sont inu-* Ps. 18.
*tiles :* mesme les addressant à toi, fai qu'encores
un iour mes enfans s'esiouyssent; *que les filles de* Pse. 48.
*Iuda ayent liesse à cause de tes iugements ,* & prenent quelques asseurances en contant mes
tours , & la hauteur de mon avant-mur. Edifie
sur tout le Chasteau de ta grace ; car, à dire vrai,
nous n'avons autre forteresse que toi qui est nostre roc & rempart asseuré.

Estans donc instruits , que ta Sion est le
lieu où tu envoyeras , comme à la pierre d'E-
lie , le feu celeste , pour mettre en cendre nos holocaustes ; nous ne les cerche-
rons point sanglants , puis que ta parole
nous instruit , que nous ne serons point re-
dargués pour les sacrifices qui ont esté autres- Pse. 50. v.8.
fois continuellement devant toi ; que tu ne
prendras point des bouveaux de nos maisons,
ni des boucs de nos parcs , tout estant de ta
possession , que tu n'es point mangeur de la

*verf.* 13. chair des gros taureaux , ni beuveur du sang des boucs.

Tu as voulu que nous te facrifions loüan-ges , & pour holocauftes les vœux de nos cœurs ardents ; c'eft ce que nous eflevons vers le ciel , c'eft ce que nous defployons devant ta face.

Et quand il te plaira nous faire dignes d'e-ftre nous-mefmes immolés pour le tefmoigna-ge de ta verité, & de ton Nom , nettoye-nous, Seigneur, des taches qui nous rendent impro-pres à tes offertes. Ren-nous par cett'hyfope nettoyante , victimes blanches. Nous fe-rons bien-heureux quand il te plaira pren-dre nos efprits & nos vies pour en facrifi-ce de bon odeur , faire fumer ton temple & ton autel.

OCCA

# OCCASION ET ARGV-
ment *de la Meditation faicte*
*sur le Pseaume*. 88.

'AVTHEVR accablé d'un dueil des-
mesuré pour l'amour de Susanne de
Lezai sa femme, prit le Pseaume 88.
pour en tirer les vers Sapphiques mesurés qui
sont dans ce livret, & depuis, la presente meditation.

## PSEAVME 88.

1. *Maskil d'Heman Ezrahite*, qui est *un*
*Cantique* & *Pseaume*, baillé *au maistre chantre*
*d'entre les enfans de Coré*, pour le chanter *sur*
*Mahalath Iehannoth*.

2. *Eternel, Dieu de ma delivrance, ie crie iour*
*& nuict devant toi.*

3. *Que ma requeste vienne en ta presence : en-*
*cline ton oreille à mon cri.*

4. *Car mon ame a tout son saoul de maux, &*
*ma vie est parvenue iusqu'au sepulchre.*

5. *On m'a mis au rang de ceux qui descendent*
*en la fosse : ie suis devenu comme l'homme qui n'a*
*plus de vigueur.*

6. *Sequestré parmi les morts, comme les navrés*
*à mort gisans au sepulchre, desquels il ne te souvient*
*plus, ains qui sont retranchés de ta main.*

F

7. *Tu m'as mis en une fosse des plus basses, és lieux tenebreux, és lieux profonds.*

8. *Ta fureur s'est iettee sur moi, & tu m'as accablé de tous tes flots : Selah.*

9. *Tu as esloigné de moi ceux desquels i'estoye cognu, tu m'as mis en extreme abomination envers eux. Ie suis reclus tellement que ie ne puis sortir.*

10. *Mon œil languit d'affliction : Eternel, ie te reclame tout le iour, i'esten mes mains vers toi.*

11. *Feras-tu miracle envers les morts? ou si les trespassés se releveront pour te celebrer ? Selah.*

12. *Racontera-on ta gratuité au sepulchre? & ta fidelité au tombeau?*

13. *Cognoistra-on tes merveilles és tenebres? & ta iustice au pays d'oubliance?*

14. *Or quant à moi, ô Eternel, ie crie à toi, & ma requeste te previent dés le matin.*

15. *Eternel, pourquoi reiettes-tu mon ame? & caches-tu ta face de moi?*

16. *Ie suis affligé & comme rendant l'esprit dés ma ieunesse : i'ai souffert tes effrois, & ne say où i'en suis.*

17. *Les ardeurs de ta cholere sont passees sur moi, & tes estonnemens m'ont retranché.*

18. *Ils m'ont tout le iour environné comme eaux, ils m'ont entouré tous ensemble.*

19. *Tu as esloigné de moi l'ami, voire l'intime ami, & ceux desquels ie suis cognu me sont tenebres.*

*M E D I-*

## MEDITATION SVR le PSEAVME 88.

*O Dieu Eternel mon Sauveur, &c.*

ETERNEL, Dieu de ma delivrance, ou mieux, de mes delivrances: qui m'as tant de fois tiré du bas tombeau de la mort, & notamment quand i'ai dit à propos & avec ſon efficace:

Lors qu'en moi de douleur eſpris s'envelop-pent tous mes eſprits, Tu ſçais l'endroit par où ie dois ſortir du lieu où ie me vois.

Tu m'as fait voir que tu l'avois veu pour moi, quand les cordeaux du ſepulchre, le tor-rent des meſchants garnements, & les lacs de mort m'avoyent ſurpris. Tu as eſbranlé la ter-re, & les fondements des montagnes pour le ſe-cours des tiens. C'eſt toi qui dans la fumee & dans la pouſſiere des combats, parmi les tempe-ſtes de non-veuë as garanti ceux qui ſe ſont eſ-criés à toi,

*Mon Dieu tu m'as aidé:*
*C'eſt toi qui m'as gardé:*
*Sois preſt à ce beſoin.*

Tu nous as deffendu côtre les fleches du iour, & les eſpouvanteaux & peſtes de la nuiĉt. C'eſt ce qui me donne la hardieſſe & l'adreſſe à toi, pour crier iour & nuiĉt : lors que le iour a pro-longé mes detreſſes, la nuiĉt les a rafraichies:

quand nos amertumes nous ont servi de pain,
& nos pleurs de breuvage. Pourquoi est-il dit
que la lumiere est semee pour le iuste, & la lieffe pour ceux qui sont droits de cœur?

Le Soleil qui fait sa carriere comme un es-
poux sortant de son lict nuptial, veu de tous, &
voyant tout, peut-il desployer à mes yeux les
beautez de nature pour m'en destituer. Ie ne
suis plus de ceux à qui les verdures portét quelque esperance: & si ie voi des fleurs, ie sçai que
les fruicts en sont pour les hommes de terre.
Les moissons & les grappes sont pour les ennemis de Dieu, dont le iour ne m'apporte que
le desir de la nuict pour me cacher, & elle
m'est une annee pour m'enfuyr & me sauver de
moi.

C'est en elle que tu m'as revisité. Tu as sondé
mon cœur, tu l'as examiné : tu n'as point trouvé que ma pensee ait violé ma parole, ni que ma
bouche ait desmenti mon cœur ; & nonobstant
il n'y a point d'accord en mes membres. Ie cerche le repos au lict sans le trouver. Le bœuf
quitte le ioug à la seree, le cheval la selle ou le
collier ; mais l'ahan & les sueurs de mon ame
travaillee me saisissent dés le crepuscule du soir,
sans me quitter à celui du matin.

Les anciens ont inventé que leurs erynnes,
ou furies, estoyent filles du Soleil & de la nuict:
voulant cette doctrine à leur mode figurer, que
les affaires pesants de la iournee tormentoyent
les affligés dans le nid des pensees, & au loisir
de la nuict. C'est sous elle que la memoire me
                                          gehen-

gehenne; ma couverture est de plomb, & mon chevet d'espines: pour lesquelles ie puis dire, I'ai ahanné en mon gemissement, ie baigne ma couche toutes les nuicts, ie trempe mon lict en mes larmes.

Voila dequoi crier iour & nuict, quand l'un & l'autre m'affligent: ie suis contraint d'estre importun sans intervalle, puis que mon mal ne m'en donne pas.  Tu t'es laissé vaincre à l'importunité de la vesve, supporte la mienne: & afin qu'elle n'empesche point, que ma requeste ne vienne en ta presence, encline ton oreille à mon cri.

Ie sçai que mes pechés ont fait un gros & louche nuage entre toi & moi: perce & dissipe, Seigneur, par les rayons de ton Soleil de grace cet amas vicieux: abaisse ton oreille, qui est en si haut lieu, pour recevoir ma supplication venant des lieux profonds, & du fond de mes ameres pensees: abaisse-toi, ou avance ta dextre; car mon affliction, qui est si forte pour m'accabler, est trop foible pour (sans ton secours) monter iusqu'au throsne de ta majesté.

Ces larmes nuict & iour avalees ont empli mon estomac, & les angoisses distillent au dedans sans cesser, d'où ie puis dire, que i'ai mon saoul d'adversité, que mon ame s'est saoulee de maux, & ma vie est parvenue au sepulchre. Certes il y en a par de là ce qu'on appelle satieté: car telle abondance ne se pouvant enduire ni digerer, la plettore en est mortelle, m'estouffe, & me traine au tombeau.

F iij

Aussi bien pour y estre parvenu ie me suis mis
au rang de ceux qui descendent en la fosse: ie suis
devenu cóme l'homme qui n'a plus de vigueur.
Aussi ie confesse qu'avec raison serai-ie estimé
tel : car m'ayant osté de tes yeux le regard doux
& gracieux, ie decline & m'en vai dechoir ainsi qu'une ombre sur le soir, Comme le souci &
le girasol sont espanouys , & monstrent avoir
vigueur tant que le Soleil, qu'ils adorent , les
anime par ses rayons , mais sentent une mort
quotidiene quand ils sont privés des regards vi-
vifians.

Ainsi ô toi, qui es le Soleil & bouclier, pour
ton œil delaissant d'allumer ma vie , ie ne suis
qu'un tison fumant sequestré de ta veuë, ie suis
parmi les morts comme les navrés mortelle-
ment, gisans parmi le meurtre , desquels il ne
te souvient plus , & qui sont retranchés de ta
main.

David se plaignoit d'estre hors de la souvenance de ses amis, d'estre mis en oubli du cœur
des hommes comme un mort, & d'estre estimé
autant qu'un vaisseau de nul usage : mais c'est
bien pis, d'estre comme mis en oubli de son
Dieu , & retranché d'entre les vaisseaux à honneur, pour estre ietté hors le camp, ou bien trai-
né aux immondices de la Cité.

Tu m'as mis en une fosse des plus basses és
lieux tenebreux & profonds. Les prisonniers
pour debtes ou causes legeres, ont les basses-
cours des conciergeries, & les preaux pour bornes de leur liberté : mais combien deviennent

transis

transis ceux qu'on devale dans les basses fos-
ses, pour apres l'obscurité, la puanteur, &
les horreurs des cachots longuement suppor-
tés, n'avoir delivrance que la sentence de
mort?

Ainsi suis-ie accablé de tous tes flots: ta fureur s'est iettee sur moi: un abysme appelle l'autre abysme: au bruit de tes canaux toutes tes
vagues & flots ont repassé sur ma teste, empli
ma nef si basse & si fragile, qu'elle ne peut resi-
ster aux plus petites ondes de tes tempestes: &
tout sans espoir de secours.

Pource que tu as esloigné de moi ceux desquels i'estois cogneu, tu m'as mis en extreme a-
bomination envers eux; tousiours tellement reclus, que ie ne puis sortir ni avoir communica-
tion avec les humains.

Et puis quand ie serois environné & armé
d'une legion d'amis, pourroyent-ils forcer les
prisons du Tout-puissant, qui sont la mort
mesme & les portes d'enfer? Il n'y a que toi seul
qui puisses delivrer ce que tu as renfermé, ni
rendre la liberté à qui tu l'as ostee: il n'y a que
toi, de qui l'on puisse dire, *Il les a tirés des tene-* Pse. 107.14.
*bres & de l'ombre de mort en desrompant leurs*   v. 16.
*liens, pource qu'il a brisé les portes d'airain, & cassé*
*les barreaux de fer.*

Tes Anges ont delivré les prisonniers des
hommes, mais les hommes n'ont iamais af-
franchi les tiens. Nos consciences sont nos
plus estroites prisons. Le meschant une fois ar-
resté en cet estroit cachot, encor qu'il eust à son

F  iiij

commandement la campaigne, porte la geôle
avec foi, & les ceps de fa coulpable penfee galo-
pent avec lui.

*Cette prifon le fuit, quoi qu'il coure à la chaffe,*
*Quoi que mille pays comme un Caïn il trace,*
*Qu'il fende au gré du vent les fleuves & les mers,*
*Sa confcience n'eft fans cordes & fans fers.*

C'eft toi feul qui peux delivrer, & à qui ie dis,
Sauve-moi de la bourbe : comme auffi que le
fil des eaux fe débordant ne m'emporte pas, que
le gouffre ne m'engloutiffe, que le puits ne ferme point fa gueule fur moi.

Mon œil languit d'affliction. Eternel, ie te
reclame tout le iour : i'eftens mes mains vers
toi : c'eft à toi que ie me viens rendre. Les vaillants victorieux, qui fe font eftimer entre les
humains, ne voudroyent pas achever ceux qui
defpouillent le gantelet gauche, & le prefen-
tent à leur vainqueur. Toi en qui feul abonde
la vraye magnagnimité, & au feul fein de qui fe
trouve propitiation, repoufferas-tu les mains
que te tend l'abbatu? pourroit il entrer en ton
courage de m'achever à terre de fang froid,
toi qui es pitoyable, mifericordieux, tardif à
colere, & abondant en grace, pourroit-tu fauter
fus à l'affligé, ayant maudit tous les lafches
cœurs qui le font.

Fay voir encores que toute forte de mort
des bien aimés eft precieufe devant tes yeux,
fois don liberal de la vie, toi qui en es le feul
donneur, & qui en fais tes prefens par l'univers
fans en diminuer le threfor? car fource de vie

en

en toi gist, par ta clarté nous voyons clair.

Feras-tu miracle envers les morts, ou si les
respassés se releveront pour te celebrer? Tu as
tiré du tombeau le Lazare des-ja puant : ie confesse estre tout infect, & que l'odeur de mes pechez est-insupportable à moi-mesme. Tu me
vois couché dans le sepulchre; est-il point meilleur que celui de qui l'odeur est tát souëfve ne
descende point en ces tanieres d'infections ; &
quepluſtoſt tu d'étournes la mort des teſtes qui
t'honorent, que de la pourſuivre dans l'horreur
de ſes cachettes ? & que pluſtoſt tu faces merveilles entre les vivans, que les deſployer entre
les morts, veu que ceux-là ne se peuvent relever
pour recognoiſtre la delivrance , & auſſi peu
pour la celebrer en tes ſaintes aſſemblees?

Racontera-on ta grace au ſepulchre, & ta
fidelité au tombeau? Cette grace ſera-elle gou-
ſtee par les condamnés & en l'enfer, où n'y
ayant aucune redemption, ton Eſprit ne peut
aimer ſa demeurance, pour exciter les cœurs à
faire reſonner tes bien-faits ? car l'eſperance
eſtant bannie, auſſi eſt toute voix d'exultation.

Pourront reluire tes merveilles aux tenebres, & ta juſtice en la terre d'oubliance? Si tes
miracles tombent dans les eſpeſſes obſcurités
des bas lieux, qui pourra les voir, & n'eſtans
point veus, qui les celebrera? A quoi aller cercher les deſerts perdus & ſans voye pour eter-
niſer les faits de ton equité, qui eſt haut chan-
tee & annôcee en la terre des vivans? Qui pourra dans la foſſe & au profond puits de condam-

nation eslever sa voix de louanges dans le ciel?
tes cœlestes clartés pourront elle dorer les enfers,& y contaminer leurs precieux rayons?

N'est-ce plus au ciel &aux lieux illuminés par
lui que tes hauts faicts triompheront?ne veux-
tu autels que les sepulchres infects? l'enfer sera
il choisi & ouvert pour un temple? & les feux
de la gehenne vaincront ils ceux des holocaustes? auras tu plus agreables les hurlemens &
grincemens de dents des perdus, que les chansons des filles de Sion,& l'harmonie des Anges
& des biens-heureux?

Ou veut-tu que les hideux cimetieres soyent
frequentés en la place de ton Sanctuaire? que
les ombres des morts & les pestes nocturnes y
troublent & espouvantent de spectres ces cheres assemblees?

Que là les os & les tets blanchis redeman-
dent leurs nerfs & les peaux desquelles la mort
s'est repeuë,pour reprendre les chants, ou plustost les cris oubliés, & en espouvanter tous
ceux qui te psalmodieront?

Entre ces apprehensions, Eternel, ie crie
toi; & ma requeste previent dés le matin. Mais
voulât prier, mes genoux ne peuvent porter ma
carcasse,ni mes yeux affoiblis supporter la lueur
du ciel pour le regarder: ma voix enrouee ne
peut rien prononcer,& les mains, que ie pense
ioindre,n'assemblent plus que des os;si bié qu'il
ne faut plus d'autres ombres que la miéne pour
effrayer par sa veuë,&par l'esclat de mes cris fai
re transir les ames desolees qui m'approcherôt.

Eter

Eternel,pourquoi reiettes-tu mon ame?pour-
quoi caches-tu ta face de moi ? m'as-tu rendu ſi
execrable que ma veuë te face horreur? Tu m'as
plongé & reduit dans le ventre obſcur des mal-
heurs,deſtitué de tout, & ſur tout du iour de ta
face & de la contemplatiõ de ton Soleil: & non
pas ſeulement de ce gracieux flambeau , mais
auſſi de l'aube , qui me repreſentoit l'eſperance
de ſon retour vers moi.

Ie ſuis affligé,& commé rendant l'eſprit de ma
ieuneſſe:i'ai ſouffert tes efforts,& ne ſçai où i'en
ſuis.

Tu ſçais, Seigneur, quels orages ont paſſé ſur
ma teſte dés mõ enfance, où i'ai eſté cõme mort
parmi les vivãs , où i'ai veſcu cõme tranſi parmi
les morts,ayant apris de ton Prophete à dire,Au
ſortir du berceau les laboureurs ont labouré ſur
mon dos,ils ont tiré tout au long leurs ſcillons:
mais, ô Dieu, tu m'as fait durer pour touſiours
plus endurer. Ma vie a eſté condamnee en mes
tendres ans , & quand i'ai eſté ſur le ſueil de la
geole pour marcher au buſcher,tu as retiré mon
ame du feu des hõmes pour l'embraſer du tien.
Tu l'as fortifiee contre toute ſorte d'accidẽts,tu
l'as retiree des naufrages du precipice de l'horreur des batailles,& quelquefois d'être les corps
eſtẽdus,& puis voici ce que tu lui as fait ſentir.

Les ardeurs de ta cholere qui ſont paſſees ſur
moi,tes eſtonnements m'ayans retranché,Ouy
cette cholere,quoi que iuſte,a paſſé ſur ma teſte
ſans la foudroyer : elle y a laiſſé ſes eſpouvan-
tements , & les terreurs qui m'ont fait dire,

suis-ie reietté & arraché d'entre les bons ? Pardonne, Seigneur, puis que la mesme cholere at-
tribuee & desployee sur l'agneau sans peché,
quelque pur, iuste & puissant qu'il fust, lui a
fait dire, Mon Dieu, mon Dieu, pourquoi m'as-
tu abandonné, t'esloignant de ma delivrance &
des paroles de mon gemissement?

Mon Dieu ie crie de iour & de nuict, & n'ai
point de cesse. Si le Fils de ta dilection, insepa-
rable de sa divinité, a tremblé & ietté grumeaux
de sang ; Si le Prince de vie à veu avec effroi le
visage ridé de la mort, à quel poinct pourra
demeurer le courage & l'esperance d'un miserable pecheur comme ie suis, qui à dequoi s'escrier,

*Mes iours passent comme un' ombre*
*Qui s'en va obscure & sombre.*

La suite des propos de ton Prophete ne sont-ils
pas la description de mon estre, & la leçon de
mes funestes propos?

Tes deluges m'ayans envirenné comme eau
tous ensemble. Celui qui n'a qu'un ennemi
en front l'attend de pied coy, employe ses
yeux, ses bras, ses armes à la deffense de son
estomac paré, & offense comme veut la neces-
sité ; mais celui qui est attaqué devant, derriere, & par les costés, est en danger de perdre
le courage, & se rendre à son vainqueur : ainsi
vois-ie la mort & l'enfer qui cheminent devant
toi, & ta main qui me menace de descoupler sur
moi ses furieux executeurs.

Ie

Ie voy à mes deux coftés mes vices folici-
teurs de mal & de ruine, & puis en arriere le
fouvenir de tant d'offenfes & pechez, & la jufte
vengeance de ces chofes qui me marchent fur
les talons.

Que fi encores toutes ces chofes fe prefen-
toyent pour me deftruire en divers temps, &
l'un apres l'autre, il y auroit moyen de prendre
haleine, quelque efperance de ramaffer mes
efprits pour effayer à me guarantir, non par armes mais larmes, & par l'invocation de ton fe-
cours;

*Mais tout cela dont ie tremble*
*Tout autour de moi s'affemble.*

Il faut adjoufter que les violences qui me
deftruifent ne font feulement autour de moi,
mais au dedans pour la guerre que fe font mes
diverfes penfees, & mes divers defirs s'entre-
choquants empliffent mon fein d'angoiffes &
perplexités, la chair & l'efprit eftans chefs de
deux partis logés en moi.

Et ainfi les royaumes & cités imprenables à
un ennemi feul & de dehors, ne le font pas à
plufieurs, moins quand les factions les defchi-
rent par dedans : ainfi le corps, qui vigoureux
a refifté aux maladies feules reglees & exte-
rieures eft abbatu par un concours de plufieurs maladies internes, & implicites, quand
ce qui remedie à l'un eft à l'autre un venin mortel.

En fin, ô Eternel, tu m'avois defia feparé de
mes amis & voifins, & rendu execrable vers

eux. Tu as porté mon habitation hors le doux air de ma naissance. Tu m'avois osté des lieux, aux commoditez & plaisirs desquels le labeur de ma ieunesse s'estoit employé; tu m'avois sevré du laict & des mamelles de ma chere patrie, tu m'avois fait quitter mes parens & cognoissances privees pour te suivre, & porter ma croix apres toi, quand tu as descoché sur moi de tes punitions la plus destruisante & irreparable à iamais.

Tu ne m'as point blessé aux extremités & membres qui retranchés laissent le reste trainer quelque miserable vie, mais tu m'as scié par la moitié de moi-mesme; tu as fendu mon cœur en deux, & dissipé mes entrailles en arrachant de mon sein ma fidele tres-aimee & tres-chere moitié; laquelle, comme genie de mon ame, me tenoit fidele compagnie à tes loüanges: m'exhortoit au bien, me retiroit du mal, arrestoit mes violences, consoloit mes afflictions, tenoit la bride à mes pensees desreglees, & donnoit l'esperon aux desirs de m'employer à la cause de la verité.

Nous allions unis à ta maison, & de la nostre, voire de la chambre & du lict faisions un temple à ton honneur.

Depuis ie marche exanimé comme un phantosme, ou un spectre parmi les vivans: ie vay mangeant la cendre comme pain, ie trempe mon boire de pleurs amers comme les eaux de Mara: mes iours m'eschappent, & ie demeure comme l'herbe fauchee. Ouy, mes iours sont

sont defaillants comme fumees, & mes os sont assechés comme un foyer. Ce cœur frappé à mort, devenu sec comme foin, a oublié son appetit, & ma bouche à manger son pain : à ces os secs ma chair est collee à force de gemissements : ie suis devenu semblable au Cormorant du desert, ou à la choüette qui se tient aux lieux sauvages.

> *Comme durant son vefvage*
> *Le passereau sous l'ombrage*
> *D'un test couve ses ennuis,*
> *Ainsi ie passe les nuicts.*

Ie n'ay plus de paroles puissantes, ni assez violentes à l'expression de mes miseres. Seigneur, tu les cognois, puis qu'elles sont de ta main. Ie demeure exstatique en mes angoisses, les genoux à terre, mes soufpirs en l'air, mes yeux au ciel, mon cœur à toi; releve-le Seigneur en l'esperance de ton salut.

## OCCASION ET ARGV=
### ment de la Meditation faicte sur
### le Pseaume 16.

'AVTHEVR s'estant trouvé à la mort d'un ami, homme de grand merite & probité, & ayant pris les fleurs du Pseaume 16. pour matiere de sa consolation, la mit depuis en ordre pour en faire present à ses amis.

### PSEAVME 16.

1. *Garde-moi, ô Dieu Fort : car ie me suis retiré vers toi.*

2. O mon ame, *Tu as dit à l'Eternel, Tu es le Seigneur, mon bien ne vient point iusqu'à toi.*

3. *Mais aux Saincts qui sont en la terre, & aux gens notables d'icelle, esquels ie pren tout mon plaisir.*

4. *Les angoisses de ceux qui courent apres un Dieu seront multipliees, Ie ne ferai point leurs aspersions de sang, & leur nom ne passera point par ma bouche.*

5. *L'Eternel est la part de mon heritage, & de mon breuvage : tu maintiens mon lot.*

6. *Les cordeaux me sont escheus en lieux plaisans, voire un tres-bel heritage m'est advenu.*

7. Ie

7. *Ie benirai l'Eternel, lequel me donne conseil, mesmement es nuicts, esquelles mes reins m'enseignent.*

8. *Ie me suis tousiours proposé l'Eternel devant moi; puis qu'il est à ma dextre, ie ne serai point esbranlé.*

9. *Partant mon cœur s'est esiouy, & ma gloire s'est esgayee: aussi ma chair habitera en asseurance.*

10. *Car tu n'abandonneras point mon ame au sepulchre, & ne permettras point que ton bien-aimé sente corruption.*

11. *Tu me feras cognoistre le chemin de vie: ta face est un rassasiement de ioye: il y a plaisance en ta dextre pour iamais.*

## MEDITATION SVR LE PSEAVME 16.

*Sois moi Seigneur, &c.*

TOvs les accidents ausquels l'homme est suiect, lui font sentir sa foiblesse, par elle la crainte, qui le meine à la recerche du secours: les hommes du monde y employent les hommes, lesquels, iusques aux Princes terriens, ne peuvent rien au besoin: les enfans de Dieu n'y vont point à faute, cerchent le vouloir, le pouvoir, & la vraye assistance, dans le sein de leur pere, où elle est.

G

Ils ne s'adreſſent point à ce refuge, doutans de la volôté de celui qui a donné ſon Fils à la mort pour nous ; ni du pouvoir de celui qui a tout fait; ſe ſouvenans que ces deux parties nous ont fait dire pluſieurs fois, Ie n'ai iamais eu mal ni deſtreſſe que ie ne t'aye experimété Dieu envers moi plein de bôté. Et la bonté, qui fait cette volonté, eſt telle que nous prenons plaiſir à faire raiſonner nos petits enfans avec nous. Dieu ne ſouffre pas ſeulement, mais prend plaiſir que nous traittions avec lui comme de noſtre droit; & ne nous renvoye pas à ſon authorité abſoluë, comme font les maiſtres leurs mercenaires, & les Rois leurs ſujets.

Nous avons un familier exemple de cela au raiſonnement de David avec ſon Dieu, qui argumente ainſi avec lui en pluſieurs de ſes Cantiques. I'ai mis mon eſperance en toi, Garde moi donc Seigneur. ou bien: Ie ſuis à toi, mets moi à ſauveté.

Mais ſur tout le Pſeaume 16. s'attache à cette preuve dés le commécement iuſques à la fin, amplifiant les graces vrayement gratuites, que Dieu ne confere point aux ſiens, ſinon les ayant treſchers; & ces graces de tant plus parfaites, qu'il leur donne avec elles l'eſprit de les ſentir bien, & de les cognoiſtre : qui ne ſont point apprentiſſages de la chair & du ſang, non plus que l'eſperance que nous logeons en lui. Et quand ces graces ſont accompagnees d'eſpoir & de foi, lors elles ſont couronnees de leur accompliſſement, elles s'entreſuivent l'une l'autre iuſques

quos à la perfection descrite par nostre grand Prophete de l'Esprit de Dieu.

Voila en general & en gros ce qu'avec plaisir indicible les enfans de Dieu doivent esplucher en toutes leurs angoisses, avec cette resolution, Tu es mon aide & mon liberateur; Mon Dieu, ne tarde point. Mais on vient plus expresse-ment à cette preuve au poinct de la mort, lors que le lict du malade est le champ d'un pe-rilleux combat entre le fidele & l'ennemi de nostre salut plein de ruses, & hábile à prendre ses heures avantageuses pour opposer aux gra-ces que Dieu nous confere, nos pechez : aux forces qu'il donne, nos infirmités : à ses mise-ricordes sa iustice ; & enfin les calomnies des-quelles il effraye, aux verités de l'Ange conso-lateur.

Qui es-tu (dit le meschant) que Dieu soit te-nu à ta conservation ; lui qui est si grand & si haut? Et puis, Quelles sont tes œuvres? Et c'est sur ce poinct qu'il les met devant nos yeux, au plus mauvais lustre qu'il peut, pour les faire voir en grád nombre, indignes de pitié, & coul-pables d'eternelle mort ; En ce besoin le fidele leve les yeux, les mains, le cœur, & toutes les vi-gueurs de son ame vers son Dieu pour souspirer ainsi, Garde-moi, ô Dieu Fort, car ie me suis re-tiré vers toi.

C'est bien contre les discours humains que de dire tu m'as fait du bien : il est donc raison-nable que tu m'en fasses d'avantage. Le trafic du monde conclud bien autrement, & dit,

G ij

Ie t'ai fait du bien , tu ne m'en as point rem-
boursé , il eſt donc raiſonnable que ie ceſſe de
t'en faire, iuſques à ce que i'aye tiré de toi quelque utilité ; mais voici une autre procedure,qui
eſt de l'eſcole de la foi.

Vn chef de guerre ayant pouſſé ſes coureurs
devant lui, doit ſçavoir ce qu'ils deviennent,&
leur dit communément, Allez, donnez, ie vous
ferai ſuivre, & rendrai bon conte de vous. Les
Princes meſmes en leurs vanitez aiment ceux
qui ont receu leurs bien-faits, leſquels ils font
ſuivre par d'autres , & les redoublent iuſques à
la parfaite grandeur de ceux qu'ils ont aimé.Or
l'eſperance colloquee en Dieu n'eſtant point
de noſtre nature , mais du teſmoignage & don
pur de ſa grace, ſans laquelle, & ſans les dons
de l'eſprit , nous courions aux moyens de la
chair, & cerchions aupres de nous en la terre
ce qui ſemble ſi eſloigné dans les cieux; C'eſt
donc une main celeſte qui y attire nos eſperances, & les deſtourne de s'attacher à la terreſtre
vanité.

Voila la premiere troupe des graces du Dieu
des armees,qui meilleur capitaine que tous les
autres , les fera ſuivre de ſon gros pour ne les
perdre point.Voila les premiers arres pour eſlever bien haut ſes creatures: bien mieux que les
Princes , qui uſans de ce titre en vanité , mon-
ſtrent un deſſein formé d'eſlever ceux qu'ils aiment au plus haut point d'honneur.

Nous diſons donc à Satan , Tu demandes,
qui nous ſommes:& nous meſmes ne nous pro-
met-

mettons rien,pour l'eſtoffe qui eſt en nous;mais
beaucoup pour les formes qu'y a employé celui
ſeul,qui de rien fait tout. Mais quant à la que-
ſtion de ce que nous pourrions avoir fait pour
eſtre agreables à Dieu, nous confeſſons volontiers ce que dit le Prophete,ô mon ame,tu as dit
à l'Eternel,Tu es le Seigneur;mon bien ne vient
point iuſqu'à toi.

En l'heure derniere,le tentateur a belle priſe
ſur ceux qui mettent leurs œuvres en ligne de
conte:il deſploye en grande marge devant leurs
yeux,les tableaux abominables de leurs crimes;
& quand il faut mettre la main aux bonnes œuvres,pour les loger à l'autre colomne du regi-
ſtre,ou cercher dequoi payer ſes debtes,le trom-
peur,en riant, leur preſte des fueilles deſquelles
il a couſtume de payer ſes ouvriers ; & ces fueilles ſont les bonnes œuvres, ou les indulgences
achetees bien cherement.

Les fidelles voyent bien auſſi leurs pechez,
qui ſe preſentent inceſſamment noirs & hideux
devant leur face ; & de tant plus laids que les
bons les hayſſent , & qu'ils ont pour champ la
repentance & la blanche pieté, & d'ailleurs les
pechés ſont diverſement regardés par ceux qui
ne les hayſſent qu'à cauſe de la peine , ou par
ceux qui les hayſſent en l'amour de leur Dieu.
Ces derniers,au lieu de courir au conte des merites,empoignent les graces ſans merite: & c'eſt
lors que Dieu fait ſuivre ſes graces, & par icel-
les confirme les ſiens de plus en plus en l'aſſeu-
rance du ſalut.

G iij

Or tout ainfi que le recours à Dieu n'eſt pas
un prefent de nature, en voici encor'un autre
qui vient de mefme lieu ; c'eſt l'amour du bien,
& la haine du mal:nous employons nos amitiés
& affections,non pour affiſter aux pervers,mais
aux ſainéts qui ſont en la terre,& aux gens notables d'icelle,auſquels ie prens tout mon plaiſir.

Les penſecs terreſtres nous inclineroyent au
contraire, & la prudence des enfans du ſiecle,
plus ſubtile que de ceux du Royaume, nous feroit diligens à la recerche des meſchans & des
profperans : mais les inclinations celeſtes nous
font ſoldats & partiſans du Dieu des armees qui
nous fortifie au bon combat, en la compagnie
des bons & des affligés. Là parmi nos imperfections & foibleſſes nous oſons dire,

*Quelque aſſaut qu'aye ſenti*
*I'ai touſiours tenu ton parti.*

Et puis,

*O Seigneur qui t'eſt contraire*
*Ne l'ai-ie pas pour adverſaire?*

Dieu n'a que faire de nous pour ſa milice : Ieſus Chriſt a les millions d'Anges à ſon ſecours
s'il lui plaiſt.

Pourquoi nous daignera-il donques enroller,
& remplir ſes rangs de ſi foibles tirons ou biſo-
gnes que nous ſommes? c'eſt que ſon plaiſir eſt
de parfaire ſon œuvre en l'infirmité, qu'il a aimé les tabernacles de Iacob,& veut eſtre victorieux ſur les Geans & Goliaths par les fondes
des petis bergers.

Et pour cela il ne nous donne pas ſeulement
les

les armes parfaites que descrit S. Paul, mais il nous environne de force & de hardiesse : & de plus nous embrase de passion violente contre ses ennemis, nous faisant par cette violence ravir le royaume des cieux.

Or plus expressment l'Esprit de Dieu nous eschauffe contre l'idolatrie, ( peché qui comprend tous pechez) voulant en ce cas que nous nous rendions ialoux de sa gloire, comme il s'est declaré tel au second commandement. Cette ialousie monstre ouvertement que l'indifference ; & la fade douceur ne peuvent convenir à un enfant de Dieu, en ce qui transfere sa gloire aux choses muettes, sourdes, aveugles, manchottes, & qui sont œuvres des mains de ceux qui les adorent : iusques là qu'il ne peut souffrir que nos bouches & nos langues soyent salies des termes de l'idolatrie, & du iargon diabolique qui est proferé en leurs sacrifices infects ; comme aussi nul ne peut aimer Dieu qu'il ne haïsse les idoles. Au prix de cet amour il nous donne la haine pour marque de son amour.

Nous apprenons à prononcer avec le Prophete cette sentence de condamnation. *Les angoisses de ceux qui courent apres un autre Dieu seront multipliees : ie ne ferai point leur aspersion de sang, & leur nom ne passera point par ma bouche.*

Apres la grace de Dieu qui nous a donné l'asseurance ; & nous à fait dire *Nostre pere qui es és cieux* ; aprés la seconde qui nous a fait suivre. *Ton nom soit sanctifié, ton regne advienne* ; & puis,

*Ta volonté soit faite* ; voici la troisiesme grace, qui est du pain quotidien. Elle monstre comment nous sommes enfans de la maison : & quand le diable & ses suppots nous iettent hors des nostres, nous font abandonner nos familles & nos biens pour suivre la croix de Christ, nous voyons nos terres possedees par nos ennemis, on nous prive des esbats & des honneurs pour y colloquer des personnes indignes; bannis aux païs estrangers, où nous sommes quelques fois choqués au lieu d'estre secourus, on nous y appelle malfaiteurs, rebelles & forbannis: certes il semble que les enfans de Dieu soyent lors tres-mal partagés, & toutefois (qui est un mystere incomprehensible à l'homme animal) c'est là où nous disons, *L'Eternel est la part de mon heritage, & de mon breuvage; tu maintiens mon lot.*

Que les prosperans du siecle se levent du banc des moqueurs pour nous demander, où est le pain de nos enfans & de nous? où trouverons nous des terres & des maisons comme nous en laissons? où sont les benedictions temporelles de Dieu? En fin il le fait bon servir, & où il se plaist. Certes lors nous nous moquons des moqueurs, & mesprisons les mesprisans, qui ne sçauroyent comprendre comment l'home ne vit point du pain seulemét, mais de toute parole procedante de la bouche de Dieu.

Nous detestons l'ignorance des hommes abrutis, qui ne peuvent cognoistre & n'entendent rien à ceci; c'est qu'il n'y a point de meilleur

leur fonds, que quand Dieu se fait nostre heritage, que quand nos rentes sont assignees sur lui, quand il nous paist, & quand il se rend nostre berger, sous lequel nous n'avons faute de rien : sous cette houlette nous possedons la graisse, & les plaisirs de la terre: mesme nous avons par sa grace à le remercier, de quoi il enrichit de vivres nessaires nos tables aux yeux de nos ennemis, jusqu'aux parfums & delices specifiés par noitre poëte sacré; dans lesquelles, comme il dit ailleurs, nous sommes rassasiés de moëlles & de friandises.   Que s'il nous faut passer le desert, là il nous repaist du man & du pain des Anges, & en tout lieu où que la tempeste nous emporte,

*Dieu nous despeschera commissaires de vie*
*La poule de Merlin, ou les corbeaux d'Elie.*

Si cette puissance & bonté de Dieu conjointes à bien faire, à partager cet heritage, de la mention duquel les livres sacrés sont remplis, sôt choses miraculeuses, il se trouve encore plus de merveilles à la possession de ces partages, à la benediction de l'vsufruict.   Rappellons nos memoires qui s'escoulent de nous, & nous laissent ingrats & mal advisés, apprenons d'elles les exemples que nos yeux nous reprochent si nous les oublions ; combien nous avós veu de ceux qui ayans renoncé la voye de salut par celle des prosperités, s'estans vendus à l'ambition à l'avarice, sont morts infames, & deshonorés, ont mendié pressés de la faim, & a falu que la pitié d'autrui leur ait donné le suaire

pour le dernier preſent ; verifians par leur ſuc-
cez,ces paroles de l'Eſprit de Dieu.

*Le lion affamé*
*Bien ſouvent ne trouvera riens,*
*Mais ceux-là ſont remplis de biens,*
*Qui ont Dieu reclamé.*

C'eſt ce qui nous ravit en exultation vers le
Seigneur,quand ſi mal partagés au monde,nous
le ſommes heureuſement au ciel , & chantons
avec le Prophete,

*Que de bonté ſouveraine*
*Sa main droite eſt toute pleine:*

Et faiſans alluſion aux cordeaux des arpenteurs
qui eſtoyent appellés aux partages,nous diſons,
*Les cordeaux me ſont eſcheus en lieu plaiſant, voi-*
*re un treſbel heritage m'eſt advenu.*

L'enfant deſbauché demanda partage à ſon
pere en choſes mobiliaires , legeres & aiſees à
perdre & diſſiper,deſireux d'eſloigner la maiſon
& la face venerable de laquelle il fuyoit les re-
prehenſions & les bons conſeils , eſchapper la
main à craindre pour les chaſtimés, mais à bai-
ſer pour les bien-faits:ainſi font ceux qui fuyent
l'Egliſe de Dieu pour le vain & méteur vocable
de la liberté.Mais cependant que ces Eſaus courent à leur plaiſir , les Iacobs poſſedent avec la
maiſon &heritage la paternelle benedictiõavec
moins d'eſclat que les prodigues, mais en douceur & en ſeurté.Dieu nous conduit par ſon E-
ſprit & grace à l'amour du pain de ſa maiſon, à
ce que nos inſoléces ne nous ameinét pas à l'envie du reſte des mercenaires,ni à l'auge des porceaux.                                    Or

Or voici la quatriefme marque, pour révoyer
les objeƈtiós de Satan par un tefmoignage bien
affeuré : c'eft que *ce n'eft point par noftre efpee que
nous avons cette terre occupee.* Nous côfeffons in-
iuftement, qu'il ne faut pas facrifier à nos filets,
ni à nos adreffes pour avoir pris un fi bon lot, &
partagé avantageufement : mais nous donnons
ainfi gloire à l'Efprit qui nous a conduits.

Ie benirai l'Eternel, lequel me donne confeil,
mefmemét les nuiƈts efquelles mes reins m'en-
feignent.

Les iours coulent trop toft, & les nuiƈts nous
doivent eftre trop courtes pour les aƈtions de
grace que nous devons au Pere : nous avós occafion de craindre l'ingratitude, & ufer de ces termes en noftre efmoi, Que donnerai-ie à Dieu
pour fes bié-faits? mais en voici la furcharge : car
ayant ces penfees au cœur & à la bouche, Voici
la coupe de loüange & de benediƈtion qui nous
vient à la main : & ainfi du bien-faiteur nous
vient dequoi recognoiftre & remercier ; comme les peres demandent aux enfans ce qu'ils
leur avoyent donné, pour recognoiftre leur bon
naturel, & prendre leur bon plaifir.

Dieu fait pleuvoir fur les bons & fur les mauvais, auffi donne-il fes biens & aux uns & aux
autres : mais voulez-vous difcerner les biens
qu'il donne à malediƈtion & reproche, ou à benediƈtion & falut ? C'eft qu'il iette le bien aux
perdus comme le perdât, & aux autres il le met
en la main : aux uns par orages, aux autres en
douce pluye.

Les mefmes differences paroiffent en la per-
ception qu'en la donation : car les Geans & ro-
buftes veneurs facrifient à leurs bras velus pour
la proye qu'ils ont conquife ; les autres à leur
bien-faiteur : les uns en iouyffent fans iouyr,
gourmandent cette proye & ne la favourent
pas ; les autres fuccent les douceurs de leurs
fruicts en perpetuelle recognoiffance au donneur.

Telles differences paroiffent entre les beftes
raviffantes qui vivent de proye & de fang, & les
douces & innocentes, defquelles la vie n'efteint
point d'autre vie, & les boyaux n'avallent point
les entrailles d'aucun gibier. Les premiers animaux devorent vilainement, iettans les yeux à
gauche & à droite au foupçô des tripailles, menacent & grondent pour eftre effroyables, tout
en peur, tout en fureur ; & mefmes les loups
mordent l'eau au lieu de l'avaller doucement:
d'autre cofté les petits poulets, les colombes,
& autres oyfelets, ayans faucé le bec en l'eau, levent la tefte & les yeux en haut ; & regardez leurs
paupieres, elles font contenance d'action de
graces vers le ciel.

C'eft à propos de dire les caufes parfaites,
pourquoi les biens que nous avons receu d'enhaut ont efté accompagnés de lieffe : & quand
les mefchans grinçoyent les dents en leurs pro-
fperités, ils nous ont veu pleins de ioye en nos
afflictions. Dirai-ie, qu'au point de la mort, en
laquelle ils hurlent, nous apprenons à pfalmo-
dier à noftre Dieu, & ietter des cris d'allegreffe
au

au lieu de leur grincement de dents ? Car les
transis, ausquels leur loi defend d'estre asseurés
de leur salut, n'ont que disette parmi leur abondance , que vergoignes en leurs honneurs, &
que terreurs en ce qui leur est plus asseuré : ils
n'oseroyent dire à Dieu en foi comme nous,

> *Vueille sous l'ombre de ton aile,*
> *Me garder bien & seurement,*
> *Et tenir aussi cherement,*
> *Qu'on tient de son œil la prunelle.*

Où sont les enfans du siecle qui osent dire en
le croyant, que les Anges ayent un camp planté
alentour d'eux , qu'ils servent de rideaux à leur
lict, & qu'ils ayent pour chevet le giró de Dieu?
Prendront-ils pour eux ces propos excellents?
Ie les dois secourir, car ils adorent mon Nom.
Et voici en nostre Pseaume , que Dieu est à la
dextre du fidele pour sa garde. Il y a bien dequoi s'escrier, *Voyez quelle charité le Pere nous a*
*donnee* , non seulement pour estre si heureuse-
ment & precieusement gardés; mais de plus, il
nous a fait present de la confiance & du repos
que nous trouvons sur un Pilote , qui ne parle
pas comme les communs, qui disent , Ie vous
garderai bien du mal, mais non pas de la peur.
Ce grand conducteur nous instruit à prononcer en foi , *Ie me suis tousiours proposé l'Eternel*
*devant moi : puis qu'il est à ma dextre, ie ne serai*
*point esbranlé* , il n'y a point de ioye pour ceux
qui ne pourront gouster l'occasion de nos
ioyes : le cœur en est rempli à suffisance : &
pource qu'il est le siege des desirs , c'est lui qui

dit, *I'ai confiance en l'ombre de tes aisles.*

Et puis,

*De tes biens saoules leurs desirs,*
*Et au fleuve de tes plaisirs*
*Pour boire les appelles.*

La langue plus legere s'esgaye, & dit en se moquant des orgueilleux,

*Le Tout-puissant de leur façon despite*
*Se moquera: car d'eux il ne lui chaut.*

Et puis,

*Dieu se rit du meschāt, quād de ses yeux ouverts*
*Il voit venir le iour de sa ruine.*

Et là dessus,

*De ioye adonc Israël iouyra,*
*Iacob rira.*

Ce qui nous est permis contre les fausses langues, desquelles il est dit,

*De tes mal-heurs ils se riront,*
*Et voila qu'ils diront :*
*C'est celui qui n'a voulu prendre*
*L'Eternel pour son soustien,* & ce qui s'ensuit

En mesme tēps le Seigneur se rira de leurs vanteries, se moquera de tous ces glorieux, ayāt auparavant menacé, *Au iour de vostre angoisse ie me rirai de vostre calamité:* voila les termes ausquels il est dit que la langue se rit: Ainsi du contentement du cœur, & des exultations de la lāgue la masse presente du corps appréd à s'asseurer; cette chair mesme qui trébloit de la mort, en mesprise les menaces, sur tout quād les afflictiōs de la vie la tenaillent, lui font voir avec longue & fascheuse leçō, qu'un mieux l'attéd qu'elle doit

ar

ardemment desirer ; & puis elle fait son esperance de ces desirs. Et c'est ce que dit le Psalmi-
ste, *Pourtant mon cœur s'est esiouy,& ma gloire s'est*
*esgayee: ainsi ma chair habitera en asseurance.*

Il n'y a que Dieu tresbon & tres-sage qui sache envoyer le mal pour tourner son usage en
bien,& d'un arsenal d'afflictions faire un cabinet de delices ; il a une reserve d'infirmités,
blessures , haines , querelles, maladies,pauvre-
tez,angoisses,prisons,gehennes,& mutilations
de membres pour desployer sur nous, desquelles il tire sur nous toute fermeté,guerison,ami-
tiez,concordes,santé,abondance, ioye,liberté,
plaisir & entiere perfection : & ces choses se
tournent en bien quand par ses estranges moyens le corps est apprivoisé à suivre son ame
franchement;tout s'accorde ; l'ame feconde en
pieté, l'esprit en iugement , les entrailles en
charité , & la main prompte aux charitables
actions : tout cela reçoit une signalee benediction de Dieu quand les accidents qui ostent
la veuë, laissent au corps ses libres fonctions
iusques dans les dernier fumeau pour louer le
Seigneur ; s'esiouïr avec lui,lui rendre grace de
ses bien faits,pour instruire voire reprendre ses
parens,amis, & domestiques, & un chacun di-
stinctement en l'authorité d'un mourant , & en
fin consoler ceux qui venoyent à sa consolatió.

Mais le plus utile apprentissage du corps,c'est
celui,que le sepulchre n'est pas la fin , qu'il en a
bónes promesses,pour arre desquelles il a la re-
surrectió de Christ:aussi ce passage du Pseaume a
esté employé sur ce mystere de la resurrection:

& ce qui eſt dit pour le Sauveur, eſt partagé à tous les ſauvés, lui faiſant part à ſes freres de cet excellent verſet, de ſon uſage & de ſes veritables effects, quand le Prophete nous a monſtré Chriſt relevé du tombeau, & nous a fait voir qu'ayant part à ſes graces par le droit d'adoption, ſa reſurrection eſt le gage de la noſtre: ainſi de ſa montee aux cieux, où il a pris place pour ſes coheritiers. Auſſi eſt-il dit pour nous, ſous lui, & avec lui, *Car tu n'abandonneras point mon ame au ſepulchre, & ne permettras que ton ſainct ſente corruption.*

La pourriture du corps eſt de peu de moment, pource que nulle partie, tant petite ſoit elle, ne s'en perdra; puis que la terre & la mer rendront conte de leurs morts, pour les repreſenter: & cette chair, ayant eſté confite en la mort, renaiſtra purgee de toutes ſes imperfections; non ſeulement ſans playes, mais auſſi ſans cicatrices & difformitez.

Les animaux irraiſonnables ſont de toute autre condition, eſtans nés pour ne renaiſtre point: & nature qui ſe purge d'eux par leur extinction, ſe glorifie en la conſervation des corps humains, comme ſes precieux inſtrumens de la gloire celeſte: & le ſecret de cela eſt, que ce qui eſt ſainct ne verra point corruption.

Les Philoſophes Ethniques ont bien ſçeu dire, que la derniere mutation ne nous change qu'en nous meſmes, & non point en un autre: & ce mouvement tend à ſon information, ou à ſon à son achevement & perfection, qui n'est qu'au second & dernier repos, fin du desir & du mouvement. Quand la mort dissout le corps de l'homme, le separant pour le purifier, elle ne fait point perir le germe immortel qui restitue le tout; la dissolution apporte non la destructió, ni l'extinction, mais le renouvellement: elle n'a pas pour office de reduire à rien ce qui est, mais que le caduc se releve, que le decrepit se rajeunisse, que le mortel renaisse pour despouiller la mortalité. Si cela par la cognoissance des Payés s'est peu dire de tous corps humains, à cause que l'homme est le plus precieux animant de ce grand immortel, animant du monde, empereur sur les autres animaux,

*L'homme de qui l'esprit à penser est porté*
*Dessus les cieux des cieux vers ta divinité*
*A servir, adorer, resonner, & cognoistre,*
*Iuger pour le plus haut ce qui est au bas estre,*
*Est exempt de la loi qui sous la mort le rend,*
*Et de ce privilege à le ciel pour garant:*

Si, di-je, on a iugé la duree de l'homme sur ces marques, que peut-on dire du Chrestien, duquel l'heritage est surceleste, & que Dieu a racheté par la mort du Fils de sa dilection: choses de trop haut prix, & trop sainctes pour estre condamnees à pourrir.

Ayant donc à tenir pour sainct tout ce qui est acquis & sanctifié par le sang du Sauveur, & purifié par le sang de l'Esprit : c'est improprement qu'en parlant des corps humains nous

H

uſons du mot de pourriture : eſtant plus à propos le terme de mutation, qui eſt une prepara-
tion pour paſſer de l'eſtat de miſere en celui de
felicité, duquel voici le chemin :

*Tu me feras cognoiſtre le chemin de vie. Ta face*
*eſt un raſſaſiement de ioye : Il y a plaiſance en ta*
*dextre pour iamais.*

En ſuivant les exemples que nous avons pris
des Rois & des Capitaines, voici tout le reſte
des graces & bien-faits qui s'acheminent à leur
perfection. Le Dieu des armees, le grand Roi de
tous les Rois, daigne bien nous prendre par la
main, ſe faire noſtre guide pour nous conduire
par un petit ſentier droit, mais eſpineux, à la
porte eſtroite, & de là à la couronne de gloire &
en ſon paradis. Ce fut avec grand murmure que
le peuple d'Iſraël entra dás ce chemin, les mur-
mures, les eaux changees en ſang, toutes les playes d'Egypte ne les pouvoyent animer à prédre
ce deſſein, ſi la main de Dieu par le miniſtere de
Moyſe, ne les euſt conduits, tirés, trainés : le labeur des pots, les taſches rengregees, le meurtre
des enfans maſles, & en tout le dur ioug de Pharaon ſervit de lieu cómun aux ſuaſions de Moyſe, comme les duretez de cette vie donnét commencement à l'eſtime & au deſir de l'autre. Les
deſerts de XL. ans rendirent doux le nom de
Canaan, & l'effroyable regard, ou ſouvenir de
l'Egypte, corrigeoit le regret des aulx & des oi-
gnós : car c'eſt de la nature humaine, de vouloir
touſiours tourner le pied arriere : quand nous
ſommes dans ce ſentier, qui nous conduit à vie
                                        plus

plus heureuse, peu de Calebs & de Iosuez conti-
nuent sans murmure la haine & le mespris de la
vie, & servitude d'Egypte, pour aimer dignement & estimer la felicité de Canaan.

Que s'il a pleu à Dieu nous faire naistre de ses
debonnaires, & non pas de ces bestes qu'il fail-
le dompter par maux sans nombre & par douleurs extremes ; & qu'aussi il nous traitte en ses
douceurs & benedictions de cette vie, nous faisant la grace d'estre ravis en son amour par ce
traittement ; il ne faut pourtant pas changer le
dessein du ciel, quelques ravis que nous soyons
ici, aux côtemplations celestes : ou bien il nous
sera dit comme à Pierre, qui vouloit en la transfiguration de Christ (qui leur monstra un rayon
de sa gloire) dresser trois tabernacles : il faut mô-
ter plus haut, & qu'un ruisseau plaisant du desert ne retarde point l'entreprise de la terre saincte, & son acheminement.

Les pauvres Payens nous ont mesme donné
quelques leçons pour monstrer que la derniere
esperance doit engloutir toutes les autres passions ; ils nous ont, poëtes ou historiens, depeint
un Enee chassé de son pays naturel par une ou-
trageuse guerre, les destinees lui ayât promis le
Latium, & là une aise parfaite ; son chemin est
traversé de deux sortes d'accidens ; la premiere,
d'un pesant fardeau de pere, mere, & enfant,
qu'il lui faut porter & mener ; de tempestes
maritimes, de la mort de ses plus chers compagnons, du peril de l'isle enchanteresse, des
peuples armés contre lui, & du murmure des

fiens, des mouvements des Syrtes, des Sylles abayantes, des gouffres, des Carybdes, des rochers aveugles, plus dangereux plus ils font cachés.

L'autre forte d'oppofitions bien plus mortelle, fut les douceurs de Carthage, où toutes fortes de voluptés, bien-feances, & engagemens combattirent fon deffein, & ne l'abbatirét pas, pource que lui inftruit par quelques feintes deïtez, apprit à vouloir conftamment, & à dire, Nous tendons au Latium, où les deftinees nous monftrent une demeure tranquille & affeuree.

Voila un portraict de ces ames aveuglees, qui pourroit eftre allegué en reproche à ceux qui ne font point inftruits par des feintes Deïtez, mais par le Pere des lumieres; qui fçavent la difference des douceurs, & du repos celefte, & des troubles d'Italie, des royaumes & gloires qui nous attendét, comparés avec les dominations efclaves de Satan; & où tant s'en faut qu'il y ait repos, que les vaftes grandeurs les font efgarer, les richeffes leur donnent la guerre; leurs eflevations, tant plus elles font hautes, tant plus trouvent-elles d'envie & de vents, & plus dangereux en eft le precipice.

Le but de noftre efperance eft au vrai & feul paradis, & la couronne de gloire : le chemin en eft rude & montueux, comme celui qu'on attribue à la vertu. Il y a plus, la fin en eft toufiours par la cheute de la vie. Certes les uns font cette cheute par precipice, les autres s'agenoüillent & couchent doucement : mais en elle

le (pour tirer encores quelques fleurs de nos
Ethniques) il faut contrefaire ce glorieux Empereur, qui tombant à l'entree de sa conqueste,
baisa la terre, & dit, (ce que nous pouvons
mieux dire que lui)*ie prends possession de toi, ô Canaan celeste, ie te saluë, heritage que le ciel me de-
voit.*

Tous les desirs humains, voire les plus vio-
lens, sont trompeurs ou par le manquement ou
par la satieté: les desirs du ciel sont infaillibles,
& de justes desirs deviennent veritables plaisirs:
les ioyes de ce monde estoyent feu de paille,
bien tost chagrins; autre est la ioye eternelle: les
amitiés des hommes en peu de temps se trouvent fausses, & les amours du ciel sont eternels
extases, & ravissemens par dessus nostre ima-
gination: nous affectons de gouster le bon &
contempler le beau; Dieu seul est le bon & le
beau, nous gousterons d'icelui & cognoistrons
sa grand douceur.

Ce passage qui a un nom si rude, a un effect
si doux, il y a des douleurs pareilles à celles des
meres qui accouchét, & des enfans mesmes qui
ont à sortir d'une tenebreuse prison pour venir
iouyr de la lumiere: qui refuseroit cette mort
pour passer à la vie, tirés & conduits par la main
de celui qui nous a aimés avant que nous fus-
sions pour nous faire estre ? & quand il nous
tend les mains pour nous donner l'estre de perfection, avancerons-nous point nos mains
au devant des siennes, ferons-nous pas la moitié du chemin vers lui?

H iij

Comme ceux qui au travers de la fumee & des armes ennemies vont au devant de leurs secours , quand noſtre batteau briſé des tempeſtes arrive, ſautons à terre dans le port, & ne deſcendons point à regret.

Or voici le comble de ioye & de lieſſe:c'eſt que cette felicité eſtant departie en diverſes manſions;remplira chacun ſelon ſa meſure;afin que chacun ſoit heureux parfaitement : & pource que les bien faits de Dieu ſont ſans borne & ſans repentance de ſon coſté , ſes graces ſurpaſſent nos meſures:dont au lieu de raſer,il verſe au comble iuſques à ce que le boiſſeau en laiſſe aller la ſurabondance à la perfection de tous:que s'il y a du plus ou du moins,c'eſt pourtant le tout en tout , dont nous liſons en quelque lieu,

*Nul ne monte trop haut,nul trop bas ne devale,*
*Pareille imparité en difference eſgale.*

C'eſt là que nous parviédrons à ce que l'homme n'a peu ſupporter ,à la lumiere inacceſſible qui eſblouyt les Cherubins de ſes rayons,de laquelle la contemplation a donné le nom aux Seraphins : c'eſt cette ſplendeur inſupportable que Moyſe ne peut endurer , ni voir Dieu que par les parties de derriere, qui ſont les effects de ſes merveilles paſſees ; & pour finir , c'eſt là où nous attend cette beatitude , qui n'a peu eſtre depeinte dignement ni par la Majeſté de Sina, ni par le ſplendide palais qu'Ezechiel nous a repreſenté, ni par le glorieux eſtat de la transfigu-

guration, non plus par le portraict de celui qui
parut à Sainct Iean entre les chandeliers, ni par
l'estat excellent de la triomphante Ierusalem:
c'est ce que nul œil n'a peu voir, nulle oreille n'a peu ouyr, nul esprit n'a peu comprendre, & que nul cœur n'a peu desirer dignement.

*La petite piece qui suit s'est trouvee*
*dans le chemin de nos transcriptions ; &*
*pource que le but en est bon, nous lui avons*
*laissé sa place.*

# L'HERCVLE
## Chrestien.

Es enfans, il m'est souvenu de l'atten-
tion que vous me prestastes la derniere fois que ie vous ai jveus, & elle me
tesmoigna le plaisir que vous preniez aux
explications mystiques de la mythologie an-
cienne ; ie vous donnai pour adresse les le-
cteures de Leon Hebreu, de Noel le Com-
te, & d'un petit livre Grec nommé παλι-

H iiij

*Sapientia Veterum.*

φασι περι μυθων , que ie traduisis en ma fievre quarte de Grec en François. Vous avez estimé ce plaisant labeur vous venir à propos, apres qu'on vous a leu la Theogenie d'Hesiode; i'ai estimé vous devoir enseigner un chemin nouveau qu'il faut prendre en ces parterres , pour en user sans abus ; pource qu'il est dangereux d'avoir pour preceptrice la delicieuse ignorance des anciens , qui n'ont eu autre Theologie que les fables & Genealogies, lesquelles (comme dit S. Paul ) *sont sans fin, & engendrent plustost questions qu'edification de Dieu, laquelle gist en foi.*

*De Baçon Chevalier d'Angleterre.*

*1. Epist. à Tim. ch. 1. v. 4.*

Ce chemin nouveau que ie vous veux donner & ordonner; c'est que vous portiez plus de pitié que d'envie à ces belles resveries , desquelles on peut tirer plusieurs doctrines pour la philosophie naturelle,& plus encores pour l'Ethique: m'accommodant en cela à la sole curiosité de ceux qui aiment mieux *legere aurum ex Ennij stercore,* que de prendre l'or d'Ophir tout pur de la parole de Dieu,où il vous en presente sans escume & sans imperfection.

Ie vai donc vous donner un exemple pour tirer des fabuleuses feintes, les veritables enseignemens ; prenant pour essai les labeurs d'Hercule,choisissant de 34. qui lui sont attribués une douzaine de ceux qui p¹ ¹s à propos se rencontreront.

*Se servant de l'ethymon des Hebrieux* האר כל *illuminans omnia.*

Les meilleurs des anciés lui en attribuét douze; & Macrobe (qui sur le nom d'Hercule veut qu'il n'ait esté autre chose que le Soleil)lui donne ne les douze signes du zodiaque, lesquels il passe tous les iours : pour ces douze labeurs qu'on allegue, ie le prends autrement , & veux que l'HerculeChrestien obtienne les victoires figurees par ces monstres abbatus.

1. Commençant dés le berceau,comme dés lors sanctifié à Dieu par une generosité naturelle, à esteindre les malices, les choleres, despits & mauvaistiez de la premiere ieunesse,figurees par ces deux serpens qui se couloyent dans le maillot d'Hercules,& dés lors rendent quelque preuve que les enfans de Dieu sont sanctifiés dés le ventre de la mere.

2. Estant advancé à la premiere ieunesse,& trouvant les pechez qui ne s'avancét plus contre nous un à un, mais sept, & sept fois sept à la fois,nostre ieunesse d'Hercule doit apporter feu bruslant & lumineux,& le trenchant du glaive de la parole à la destruction des crimes renaissans , qui attaquent furieusement & par venin les mœurs de la ieunesse,comme Hercule se servit du fer & du feu à la destruction des testes renaissantes de son hydra.

3. Les voluptez legeres soit à poursuivre soit à fuyr,soyent representees par la biche aux cornes d'or, aussi plaisante à voir que dangereuse à esprouver ; c'est là où la vistesse d'Hercule est à pratiquer soit à la fuyr,soit à la poursuivre pour l'atteindre.

4. Mais au prix que nous devenons forts se presentent aussi des ennemis plus dangereux,

& des vices plus furieux. Cela eſt depeint par le Lion Nemean, figure de l'orgueil qui nous ſaiſit en adoleſcence, & qui nous rend beſtes furieuſes, qui ne vomiſſons que rages, choleres & deſſeins ſanglants. Il faut donc nous vaincre en vainquant ce Lion; & cóme Hercule le deſpoüilla de ſa peau pour porter à iamais les marques de noſtre inſigne victoire, ainſi en nous vainquant nous meſmes deſveſtir la peau du vieil homme, & porter ſans ceſſe ſur nous les marques que nous avons vaincu au bon combat.

5. Nous avons aujourd'hui tant de Diomedes, qui engraiſſent les beſtes qu'ils nourriſſent de ceux qui logent en leur ſein : nous ſommes obligés, non ſeulement de chaſſer les horreurs de nos eſtables, mais encores à la deſtruction, ſelon noſtre pouvoir, des Diomedes de ce temps, en nous donnant garde pour nous que nos chevaux,& les deſirs qui nous portent, nos deſpenſes d'orgueil, que les beſtes & les crimes brutaux ne nous devorent point aprés avoir devoré autrui.

6. Et quant au ſanglier d'Erimanthe;il faut vaincre en nous meſmes la nature porcine, qui nous faiᵗ gaſter les beautez que nature nous cócedoit,nous rend porceaux en pareſſe,en gourmandiſe & en appetis ſauvages, & nous fait touſiours retourner en la bouë & au ſouil de nos ordures. Cette-la eſt la victoire la plus neceſſaire à l'Hercule Chreſtien.

7. De meſme nous donner garde de ſanctifier

fier & facrifier à Dieu noſtre ieuneſſe, reſervant
ce qui eſt plus ſpecieux & plus beau à nos plaiſirs, & employant cette beauté confacree aux
voluptez : car Dieu punit ce mauvais choix par
la fureur de l'eſprit, à laquelle il abandonne
noſtre ieuneſſe, la laiſſe abuſer de ſa force, & reſ-
ſembler un taureau eſchappé en ſa fureur. Si
nous en venons là, il faut abbatre & porter par
terre, dompter à bon eſcient nos vigueurs naturelles, qui rendent forts & vigoureux nos pechez.

8. Anthee nous ſera ce grand vice peſant de
l'amour de la terre, qui nous ſepare des deſirs
celeſtes, nous attache à ſoi, bannit nos eſprits,
par la contagion du corps, des contemplations
ſpirituelles & celeſtes amours, tant que Hercule le combatit ſur le champ de ſa naiſſance : il
n'en peut venir au bout, mais l'eſlevant hors de
ſon element, il le fait petit, preſſé par la vertu.
Ainſi eſlevant nos deſirs de la terre vers le ciel,
nous-nous vainquons nous meſmes & eux a-
vec nous, & nos ames triomphantes ameinent
le corps à leur domination.

9. De là nous venons à la victoire obtenue
ſur Cacus, le meſchant latron & meurtrier, fils
de Vulcain, vilain & contrefait : Vulcain, qui
forge par le feu les foudres puniſſeurs de nos
demerites ; & de meſme feu eſchauffe en nous
les deſirs d'ambition & d'avarice, les ſouhaits
du bien d'autrui, & de là nous fait brigands &
raviſſeurs par diverſes voyes. Ces deſirs engendrent & iettent le feu dans la taniere de nos

cœurs, rare victoire de l'Hercule Chreftien , &
pour laquelle il faut eftre doüé de celefte
vertu.

10. Par ce vice nous devenons demi-hom-
mes & demi-beftes : & ce font les centaures enfans des nuës , à la naiffance defquels le Soleil
eft empefché de contribuer par les fumees de
nos vices. Bien-heureux ceux-là qui def-
poüilleront les beftialités pour fe rendre
hommes parfaits & regenerés en naiffance à
Dieu !

11. Tel doit eftre celui qui travaillera à la
delivrance de la pauvre Hefione , & la fera d'e-
fclave triomphante , & de captive maiftreffe
de fon cœur, c'eft à dire, qui travaillera à la liberté de l'Eglife enchainee fous la Tyrannie du
grand monftre des eaux , & de la befte qui la
pourfuit iufques dans le defert.

12. A lui appartiennent les pommes d'or
du iardin des Hefperides , à lui le fruict de vie
du iardin d'Eden , & la couronne de gloire
pour avoir vaincu le dragon vigilant , qui cir-
cuit fans fommeiller les heritiers du royaume
celefte. Dragon, auquel il faut froiffer la tefte;
ou voir, non pas aller boiteux aux fentiers de
l'Eternel, nos pieds broncher à la ruine, & nos
talons piqués par la playe mortelle du ferpent
ennemi.

Les autres labeurs de noftre Hercule fe rap-
portent à ceux-là , nous defpeignans le Chreftien triomphant fur les monftres de nos pechez. I'adjoufterai ce que noftre Palephate dit
de

de son Alcide ; asçavoir, qu'il nasquit φυλλί-
πης, qui est à dire fueillu , & ayant au lieu de
cheveux les fueilles de laurier naturelles: ainsi nostre Hercule au lieu des cheveux , qui
marquent les delices , & qui ne sont qu'excrements que nous retranchons tous les iours,
porte dès son enfance les lauriers , marques
de sa victoire , & les olives symboles de sa
paix.

## L'AVTHEVR AV
### Lecteur.

A Y A N T trouvé les Pseaumes qui ont servi de sujet à ces Meditations, en vers mesurés, ie ne leur ay pas refusé place en ce recueil : mesme ie leur ay donné pour compaignie quelques autres pieces de mesme estoffe. De là, sachant que ce genre d'escrire est gousté de fort peu de gens, i'ai pris occasion de dire un mot des vers mesurés François.

Plusieurs se sont vantés de les avoir mis au iour les premiers, comme Iodele, Baif, & autres plus nouveaux : mais il me souvient d'avoir veu, il y a plus de soixante ans, l'Iliade & l'Odyssee d'Homere composees plus de 40. ans auparavant en exametres ou heroïques, par un nommé Mousset; & encore puis-ie dire un commencement qui estoit en ces termes :

*Chante Deesse le cœur furieux & l'ire d'Achilles*
*Pernicieuse, qui fut, &c.*

Ce que Iodele en a fait & qui paroist, est bien seant & bien sonnant : ce que ie ne dirai pas des fadesses de Baif, & des premiers essais de mes amis.

Mes-

Meſſieurs de la Nouë & Rapin ſe ſont mis aux champs avec cet equipage moi, leur contrediſant, n'eſperant iamais qu'ils peuſſent induire les François à ces formes plus eſpineuſes de rigueur, que delicieuſes par leurs fleurs. Apres pluſieurs amiables diſputes que i'eus avec ces deux derniers, la derniere raiſon par laquelle il me ſembla les avoir arreſtés, fut telle:

Que nul vers meſuré ne pouvoit avoir grace ſans les accens, non ſeulement d'eſlevation, mais de production; & que la langue Françoiſe ne pouvoit ſouffrir ce dernier des accens ſans eſtre ridicule, comme il paroiſt aux prononçiations des eſtrangers, & ſur tout des Septentrionaux: De là, & de la quantité immenſe des Pyrriches, rarité des Spondees, qui meſme ne ſe font pas par la multitude des conſones, tout cela ameina deux coleres, la premiere de leur coſté, & l'autre du mien.

C'eſt qu'ils dirent, que ces difficultés ne ſeroyent propoſees ni gouſtees que par ceux qui ne les pouvoyent vaincre, & qui pour en eſtre incapables, les rejettent. Certes ce deffi eſmeut un peu ma bile, & m'envoya de cholere m'eſſayer premierement ſur le Pſeaume 88. & puis ſur le troiſiéme, tels que vous les verrez en ce recueil.

En ayant donc taſté, ie puis vous en dire mon gouſt: c'eſt que tels vers de peu de grace à les lire & prononcer, en ont beaucoup à eſtre chantés; comme i'ay veu en des grands conſerts faits par les muſiques du Roy, & notam-

mét en un feſtin celebre fait par le ſieur P A Y O T
en ma faveur, où ie menai Monſieur de la Nouë
arrivant de Holande.  La Symphonie eſtoit de
prés de cent voix de tout le choix de Paris; là les
oreilles, laſſees de diverſes & excellétes pieces,
furent reſveillees & miſes en gouſt par un des
deux Pſeaumes que i'ai allegués de la compoſi-
tion de Claudin le ieune. Ce qui fit que du Cour-
roi (conducteur de cette affaire, & qui n'avoit
iamais gouſté les vers meſurés ) par emulation
mit le meſme Pſeaume de Saphiques en muſique & en lumiere, toutesfois ſans effacer le premier ; & que dix ou douze des principaux mu-
ſiciens de la France prononcerent, que les mou-
vemens de tels vers eſtoyent bien plus puiſſans
que des rimes ſimplement.

Le iugement en demeure libre à ceux qui les
voudront eſſayer.  Les œuvres des deux muſi-
ciens que i'ai allegués eſtans donnees au public , ie finirai ce diſcours par cet epigramme
que Claudin a voulu mettre à la teſte de ſon recueil des vers meſurés.

*Quelque vers a ſa meſure,*
  *Et l'autre la va cerchant :*
  *L'un deſire, l'autre endure*
  *Le mariage du chant.*
    *Voyez-en la difference,*
  *Et puis vous dirés touſiours,*
  *L'un ſe ioint par violence,*
  *L'autre s'unit par amours.*

VERS

# VERS MESVRÉS.

```
--∪---∪∪-∪∪
--∪---∪∪-∪∪
--∪---∪--
-∪∪-∪∪-∪--
```

## Priere avant le Repas.

**B**On Dieu benis nous, en recueillant le pain,
La manne qu'espend ta favorable main:
Car cette main fend prompte les cieux
Quand le ciel est penetré de nos yeux.
Toute ame & tout cœur vers le ciel ont recours,
Aussi ta bonté leur donne ton secours.
Tu vois & sçais d'un throsne tant haut
Nostre viande & le pain qu'il nous faut.

## Priere apres le Repas.

```
---∪∪--∪∪-∪∪
---∪∪--∪∪-∪∪
---∪∪--∪∪-∪∪
---∪∪-∪∪
```

**R**Endons graces à Dieu vous toutes nations,
Vous tous peuples ravis en benedictions:

I

*Chantons tant que tout l'air plein resonne en ce lieu*
*D'un consert de loüange à Dieu.*

   *Haussons l'ame & le cœur vers le ciel à la fois,*
*Accordons doucement ame & cœur à la voix*
*Chantons comme de Dieu dure à l'eternité*
*La clemence & la verité.*

   *C'est Dieu dont la pitié au pitoyable sert:*
*C'est Dieu dont la rigueur l'impitoyable pert:*
*En ses faits il paroist vrai pere, ou iuge à tous*
*Entier, sainct, equitable & doux.*

## PSEAVME HVICTANTE-
### HVICT.

$$-\upsilon---\upsilon\upsilon-\upsilon-\upsilon$$
$$-\upsilon---\upsilon\upsilon-\upsilon-\upsilon$$
$$-\upsilon---\upsilon\upsilon-\upsilon-\upsilon$$
$$-\upsilon\upsilon--$$

**S**Auveur Eternel, nuict & iour devant toi
*Mes souspirs s'en vont relevés de leur foi.*
*Sus souspirs montez de ce creux & bas lieu*
   *Iusques à mon Dieu.*
   *Au milieu des vifs demi-mort ie transis:*
*Au milieu des morts demi-vif ie languis.*
*C'est mourir sans mort, & ne rien avancer,*
   *Qu'ainsi balancer.*
   *Dans le ventre obscur du mal-heur reserré,*
*Ainsi qu'au tombeau ie me sens atterré*
*Sans amis, sans iour, qui me luise & sans voir*
   *L'aube de l'espoir.*

Qui ſe ſouviendra de loüer ta grandeur
Dans le profond creux d'oubliance & d'horreur?
Pourroit aux enfers tenebreux ta bonté
　　Rendre ſa clarté?
Quand le iour s'en fuit, le ſerain bruniſſant:
Quand la nuict s'en va, le matin renaiſſant,
Au ſilence obſcur, à l'eſclair des hauts iours
　　I'invoque touſiours.
　　Mais voulant chanter ie ne rends que ſanglots,
En ioignant les mains ie ne ioins que des os:
Il ne ſort nul feu, nulle humeur de mes yeux
　　Pour lever aux cieux.
　　Veux-tu donc, ô Dieu, que mon ombre ſans corps
Serve pour chanter ton ire entre les morts?
Et que ton grand Non venerable, & tant beau,
　　Sorte du tombeau?
　　Ou que les vieux teſts à la foſſe rangés,
Soyent rejoincts des nerfs que la mort a rongés,
Pour crier tes coups, & glacer de leurs cris
　　Nos foibles eſprits?
　　N'eſt-ce plus au ciel que triomphent tes faits?
N'as tu plus d'autels que ſepulchres infects?
Donc ne faut-il plus d'holocauſtes chauffer,
　　Temple que l'Enfer?
　　Mes amis s'en vont devenus mes bourreaux,
Tel flattoit mes biens qui ſe rit de mes maux,
Mon lict eſt un cep, ce qui fut ma maiſon
　　M'eſt une priſon.
　　Si iadis forclos de ton œil, le berceau
Dur me fut, moins dur ne ſera le tombeau.
Or coulez mes iours orageux, & mes nuicts
　　Fertiles d'ennui.

*Pour iamais as-tu ravi d'entre mes bras*
*Ma moitiè, mon tout, & ma compaigne? helas !*
*Las ! ce dur penser de regrets va tranchant*
　　　*Mon cœur & mon chant.*

# PARAPHRASE SVR LE
## Pseavme cent et
### seize.

*Saphiques de mesme mesure que les*
*precedents.*

I'aime mon Dieu, car lors que i'ai crié.

N'Est-ce pour brusler de l'amour de mon Dieu,
　Quand du creux infect de ce dangereux lieu
Il mit en son sein ma piteuse oraison
　　　*Pour ma guerison.*
*Quand la mort pensoit ravager mes esprits,*
*Quant elle eut mes pieds à sa toile surpris,*
*Sur ce point mon cœur se rechauffa transi*
　　　*A crier ainsi:*
*Sauve moi, grand Dieu, seur abord des chetifs,*
*Gloire des honteux, animant les craintifs:*
*Aussi tost luisit le secours de nos yeux,*
　　　*L'aube des hauts cieux.*
*Lors tu as changé de ma nef le compas,*
*Lors tu as gardé de la fosse mes pas,*
*Essuié mes pleurs, tu as osté mon corps*
　　　*Du roole des morts.*

　　　　　　　　　　　　　　　*Or*

Or de nos forfaits le lien prolongeant,
Quand tu as fermé le sepulchre rongeant,
Il paroist combien precieuses tu tiens
  Les vies des tiens.

Mais dequoi faut-il payer un si grand don?
D'vn present tant haut où seroit le guerdon,
Veu que l'homme est faux, & n'a rien que des vœux
  Pour donner aux cieux?

Or ie prends en main le hanap benissant,
Mon palais aux saincts sa louange unissant
Haut recognoistra delivrance & santé,
  Dons de sa bonté.

Puis dessus l'Autel ie depose mes sens,
Doux present, plus doux que du vespre l'encens:
C'est ce qu'au grand Dieu de ma mort le vainqueur
  I'offre de franc cœur.

Toi Sion qui fis ta requeste pour moi,
Il me faut ces biens recognoistre avec toi:
Ouvre moi tes huis, que ie double cent fois
  Ton cœur & tes voix.

Gardiens puissans du troupeau qui Dieu sert,
Anges assemblés, animez ce consert,
Monte iusqu'au ciel d'une saincte vnisson
  L'air de ma chanson.

      I iij

## PSEAVME CINQVANTE
### ET QVATRE.

*O Dieu Tout-puiſſant ſauve-moi,*

La meſure eſt Elegiaque.

SAuveur aſſiſte ton oinſt, Dieu des Dieux il ne te
    faut point
    Pour le ſecours d'un Roi, autre ſecours que de toi.
Riē ie ne cerche ſinon, que le los & la gloire de ton Nom;
    Mais ſeulement cette fois, baiſſe l'oreille à ma voix.
D'un cœur tout furieux me recerche la bande des hai-
    neux:
    Gent qui du Dieu Tresfort, n'a ſouci, cerche ma mort.
Dieu, le ſupport des ſiēs, prēd rāg dāsla troupe des miēs:
    Sur l'auteur du malheur, rēdra le mal le Seigneur.
Dieu veritable, deſtruis le meſchant, & ie t'offre de mes
    fruicts,
    I'offre de voix & de cœur gloire, loüange, & honneur.
Ouy, le Seigneur tiendra ſon rang à ce combat, & rendra
    Sur le deteſtable chef, du mal-heureux le meſchef.
Car d'ennui ſoucieux retiré m'a: meſme de mes yeux
    I'ai ſur l'ennemi veu plus que le cœur n'a voulu.

## PSEAVME TROISIESME
de meſme meſure.     *(maſſé,*

DIeu qu'el amas herißé de mutins, quel peuple ra-
    O que de folles rumeurs, & que de vaines fureurs,
Ils ont dit, C'et hōme eſt miſerable, le pauvre ne ſent preſt
                      Rien

Rien de ſecours de ce lieu, rien de la force de Dieu.
Mais c'eſt mětir à eux, Dieu des miẽs côtre mes haineux
Eſt le pavois ſeur & fort, contre le coup de la mort.
Par lui iĕ hauſſe le frõt, lui qui m'entẽd, lui qui du S. mõt
Tãt eſlevé chaque fois preſte l'oreille à ma voix. (rai
Dõt dormir m'en irai; de treſſauts, ni de crainte, ie n'au-
Puis reſveillé ne m'aſſaut, crainte, frayeur, ni treſſaut:
I'ai de ſa main ſeurté, de ſa main m'õt ſans peine preſté
L'ombre du ſon le ſommeil, l'aube du iour le reſveil.
Viẽne la tourbe approcher, courir, enceindre, ou ſe retrã-
Quãd ils m'aſſiegerõt, mille de fill' & de front. (cher,
Dieu qui a veu le dedans du malin, lui briſera les dẽts,
D'ire le cœur eſcumant, langue, palais blaſphemant.
Dieu ſçaura le ſalut de Sion bien conduire à ſon but,
Meſme le cœur des ſiens remplir & croiſtre de biẽs.
Gloire ſoit au Pere, & Fils, & à l'Eſprit ſource des eſprits:
Tel qu'il ſoit & ſera-il, aux ſiecles, Ainſi ſoit-il.

---

## PSEAVME CENT VINGT ET VN
### de meſme meſure que, Rendez
### graces à Dieu, &c.

Vers les monts ie levai mes miſerables yeux,
Cerchãt quelque ſecours des plus ſuperbes lieux:
Mais en Dieu, qui ce tout baſtit en un momentֶ.
Eſt mon aſſeuré fondementֶ.
Par lui ton pied ſera tref-cherement choyé:
Dieu a aux bien-aimés ſon bel œil ottroyé,
Qui n'eſt fermé iamais à qui le ſommeiller
N'empeſche un curieux veiller.

Dieu puissant à ta dextre est & tousiours sera,
Aux grand chauts le Soleil point ne te bruslera:
Morfondante que soit la Lune dans la nuict,
     A ton chef de rayons ne nuit.
L'Eternel de ton ame a le secours de prés,
Il la garde à present, & fera ci apres:
Tes faits il benira continuellement
     Au parfaire & commencement.

## PSEAVME CENT DI-
### XIESME.

Elegiaques comme Dieu quel, &c.

L'Eternel de sa voix dit à mon Seigneur, A droi-
     te sois mis,
Tant que dessous tes pieds tu voye tes ennemis.
Il fera hors de Siõ marcher la bãde & battre aux chãps,
     Tant que le maistre tu sois des odieux & meschans.
D'un frãc cœur ta ieunesse au iour de la mõstre se rẽdant
     Comme la rosee naist quand le iour est evident.
L'Eternel iure sans se repentir qu'il t'a desormais
     Oinct comme Melch:sedec sacrifiant à iamais.
En sa cholere il se tient à ta dextre,& iuge de ses loix,
     Rompra la teste aux chefs, froissera Princes & Rois.
Exerçant iugement sur tous il brisera des forts
     L'Empereur, & pavera toute la terre de morts.
Au torrent du chemin haletant & vainqueur y boira,
     Dont son chef rayonnant tout glorieux levera.

                   **PSEAV:**

## PSEAVME CENT VINGT
### ET HVICT.

En Tetrametres de la mesure qui suit.

*υυ‒‒υυ‒‒*

*Bien-heureux est qui volontiers,*
*Va suivant Dieu & ses sentiers,*
*Le labeur doux de ta main vient*
*Benit au ciel, qui te maintient.*

*Ta femme est l'heur de ta maison,*
*Qui a son fruict à la saison*
*Pareille au sep, où le Seigneur*
*Tire son fruict s'il le voit meur.*

*Ta table aura de tes enfans*
*Comme un entour d'Oliviers francs:*
*Et ce grand heur ira croissant*
*A qui craindra le Tout-puissant.*

*Qui te donra voir à tes ans*
*Et les enfans de tes enfans,*
*Et benissant tes heureux faits*
*Ta race en fleur, Sion en paix.*

## PRIERE POVR LE MATIN,

tiree du Pſeaume 143. *Depuis le huictiéme*
*verſet en bas.*

Les vers ſont exametres, de meſme pieds que
le precedent, pour ſe ſervir de la muſique de Claudin le Ieune.

⏑⏑--⏑⏑--⏑⏑--

⏑⏑--⏑⏑--⏑⏑--

⏑⏑--⏑⏑--⏑⏑--

⏑⏑--

VEilles au point du iour, ô Dieu, me preſenter
Ta grace, en qui ie ſuis inſtruit de m'arreſter:
Donne à mes pieds le chemin droit, ſi ie n'ai foi
　　　Sinon en toi
　Le ſeul eſpoir de mes ennuis: que ta bonté
Ne me laiſſant ne vcye errer ma volonté:
O Eternel guide mes pas, & deſſen-moi
　　　Logé chés toi.
　Redonne encor iour à mes yeux, la vie au mort:
Fais reſſentir que de ton bras le coup eſt fort.
Et ta iuſtice ſe monſtrant tire mon cœur
　　　De la langueur.
　Que le haineux, qui va cerchant à m'accabler,
Fuye, contraint de ſe confondre & de trembler:
Que du parti de tes enfans le renom ſainct
　　　Ne ſoit eſteint.

PSEAV-

## PSEAV. HVICTANTEQVATRE

*O Dieu des armees combien, &c.*

Sur la mesme mesure que,

Rendons graces.

Dieu des armees, ô combien à gré me sont
Tes sacrés pavillons! côbien heureux me font!
Tout mon sang me tressaut, quand tu me fais venir
De ton temple le souvenir!
Dieu, qui des oisillons la demeure as trouvé,
L'Hirondelle à l'abri ses petis a couvé,
Où tiens-tu de ce temps, Roi de l'Eternité,
Les autels de ta saincteté?
O qu'heureux à iamais est & sera celui,
Qui en Dieu seulement cerche le fort appui,
Pour en lui cheminant passer avanturé
Des meuriers le val alteré.
D'un tres-riche labeur les puits y cavera,
Qu'un doux ciel pluvieux sur le coup emplira,
Pour marcher resolus d'ardeur en passion,
Certain d'arriver en Sion.
Des cieux, ton Siege haut, escoute-nous, & fais
Ton serf portier heureux en ton heureux palais.
Mieux vaut la seule clef des cabinets de Dieu,
Qu'un hostel d'or en autre lieu.
Car Dieu nostre secours est l'appui singulier
Des siens: c'est lui qui est un Soleil, un bouclier:
C'est lui seul qui vnit par son Eternité
Les splendeurs à la seurté.

Ouy, noſtre Empereur eſt fort bouclier, haut Soleil,
Soit pour l'humble deſendre, ou reſveiller ſon œil,
Gloire & grace donner : bref tres-heureux ie croi
　　Quiconque eſt appuyé de toi.

## PSEAVME SEPTANTE-
### TROIS.

Si eſt-ce que Dieu eſt treſ-doux, &c.

```
_ _ _ _ _ U U _ _ •
_ U U _ U U _ _ _ _ _ U U _ _
_ U U _ U U _
```

Et ainſi de l'autre moitié du couplet.

Voi que ce ſoit Dieu eſt à ſon Iſraël extremement
　　doux,
Et à qui craint en aimãt. Or mes pieds ont eſté tous preſts
D'eſtre coulans & faillir,
Lors que des inſenſés & meſchans i'ai envié les biens,
Sur la proſperité de laquelle ſe vante le maudit,
Franc de l'eſtreinte de mort.　　　　　　　　(iours:
　　Point leur force ne mãque, elle perſiſte entiere à touſ-
Ils ſont frãcs de l'ahan de travaux, de batures & dãgers
Des miſerables humains.
C'eſt ce qui croiſt l'orgueil, ce qui leur eſchauſe les eſprits
Ainſi qu'un ſarquant relevant la fraiſe & le menton
Des glorieux violents.
　　Leurs yeux dehors de la teſte de graiſſe repouſſés,
Par de là leurs penſers & courages ils ſe voyẽt iouyſſans
　　　　　　　　　　　　　　　　　　　D'aiſe,

D'aiſe, de biens, & d'honneurs.
Ils ſont pernicieux & fiers,leur parler eſt enflé,
Vont de la lãgue trottans en terre,&pẽſent du haut ciel
Tout le ſecret deſployer.

    Or cela perce le cœur des bons,& l'onde de Mara
Donne breuvage de fiel,& vont d'angoiſſe demandans,
Eſt-il croyable que Dieu
Voye du ciel les humains auec intelligẽce de leurs faits?
Les vauriẽs & maraus ravageãs la richeſſe de ces lieux
Sont heritiers du bon-heur!

    En vain ai-ie lavé d'innocẽce ma pẽſee & mes mains,
En vain ai-ie nettoyé mon cœur, pour eſtre de tes mains
Chaſtié iournellement.
Mais proferãt ce propos ie me ſuis veu deſloyal aux miẽs,
Miẽs que ie voi meſcogneu:car ſãs doute les innocẽs ſõt
Ton peuple quoi que ce ſoit.                    ( poinɛts,

    I'ai durement trauaillé à pouvoir me reſoudre de ces
Iuſques à tant que ie ſois entré au ſanɛtuaire exquis,
Au cabinet du Tresfort.
C'eſt là que i'ai deſcouvert la fin miſerable de ces gẽs.
Quoi qu'il y ait,ils ſont condamnés de loger és lieux
Fort perilleux & coulans.

    Bien viſte precipités ils s'en vont tranſis & perdus,
Parmi l'air eſvanouys,ainſi qu'un ſonge qui n'eſt rien
Lors que l'on eſt reſveillé.
Or quand mon cœur eſtoit percé d'angoiſſes & aigri,
Lors i'eſtois abruti,& n'eſtois qu'une beſte devant toi,
Sans cœur & ſans iugement.

    Dieu à la dextre m'a pris à me cõduire,&eſtre le cõſeil
Pres lequel eſt ſeurté: ie ſuivrai ſans en rien abuſer
Pour recevoir gloire, & prix;
Car quelle divinité pourroi-ie en un autre recercher?

Qu'a la terre & le ciel, qui puisse remettre à son entier
Mon cœur estant abbatu.
    Autre que Dieu ne me peut mõstrer un partage biẽseur.
En toi se trouvera mon roc, mon plaisir & mon but.
Qui ce but esloignera
Sans doute trebuschera; s'estant desbauché de tes loix,
Des bien-heureux parvis à iamais se trouve retrãché,
Et reietté de ta main.
    Quãt à ma part, approcher mõ Dieu est mõ souuerain biẽ
Pres de lui m'entretenir pour ses merveilles annoncer
Mieux ne peut advenir.
Riẽ ne me peut separer, fer, perte, hautesse, ou profondeur:
Tout ce qu'il ordonnera, mort, exil, gehennes, & tormẽts,
Quoi que ce soit, sera doux.

---

# PSEAVME CINQVANTE-VN
## Misericorde au pauvre vicieux, &c.
### en exametres heroïques.

` --- υ υ - υ υ - υ υ - υ υ -- `

### Avec la licence des spondees & dactiles.

O Dieu, aye pitié du pecheur qui demãde ta merci,
Et selõ elle effaçãt mes plus noirs crimes & forfaits
Purge mon iniquité, abolis le peché qui me confond.
Car ie cognois le malheur qui paroist sãs cesse devãt moi,
Troublant à la minuict mes sens & mõ ame de son frõt.
I'ai peché contre la loi en ta presence & à tes yeux,
Si que donnant iugement tu seras pour iuste reclamé.
Car ie suis en crime né, à peché ma mere m'a conçeu.

Voila

*Voila, tu veux verité, tu veux sapience & loyauté:*
*Moi instruit de ta main ces vert⁰ n'ōt paru en moi:*
*Pour cela Dieu de pitié, ne delaisse à prendre de tes*
    *mains*
*L'hyssope à me faire net pl⁰ blāc q̄ la neige deSalmō.*
*Fai moi nouvelles ouyr de ma grace, & en la pronon-*
    *çant*
*Rē ma premiere vigueur à mes os brisés & desioints;*
*Plus ne revoi le procés, ne relis que le titre du pardō:*
*Vueilles donner Createur de nouveau des forces à*
    *mes os,*                                 *(en moi:*
*Vn cœur net, vif & prompt, & un esprit bien remis*
*Point ne repousse ma voix ; puis tō S. Esprit accordé,*
*Rends la liesse que i'eus en ton salut, & que cet esprit*
*Principal entier & franc conduise mon ame à tous-*
    *iours mais.*
*I'enseignerai le chemin aux errans pour se repentir.*
*O Dieu, Dieu de salut, que ie sois premier entiere-*
    *ment pur,*
*Puis apres ouvre ma bouche, elle chantera ta gloire*
    *tout haut.*
*Car tu ne prens plaisir au sang, l'holocauste ne plaist*
    *point*
*A toi, qui mieux aimerois l'esprit tout cōtrit & froissé:*
*Point tu ne mespriseras un bō cœur submis & brisé.*
*Fai du biē à ta Sion, & rebastis son mur, & ses tours:*
*R'asseure Ierusalem, & la ceins encore de rempars.*
*La l'holocauste sera tout consumé: la di-ie nos vœux*
*Enfumeront, comme il est enioint, ton temple &*
    *ton autel.*

## PSEAVME CENT TRENTETROIS.

O combien est plaisant , &c.

‒ ‒ ∪ ∪ ‒

### Adoniques.

*Voici le plaisir*
*Entier & parfait,*
*C'est de voir en paix*
*Freres & voisins*
*Tous bien accordés*
*S'esgayer entr'eux.*
*C'est cette douceur,*
*Qu'a representé*
*Un riche parfum*
*Qui couloit en bas*
*De la tiare*
*D'Aaron, & fondant*
*Parfumoit entier*
*Barbe & habit sainct*
*Iusques à ses bords.*
*Tel bon-heur en paix*
*Est pareil aussi*
*A l'humeur, à l'eau*
*Qui coule d'Hermon*
*Et roule des monts*
*Sur Sion en bas:*
*Car là l'Eternel*
*Ordone sans fin*
*Graces & bien-faits*
*En vie à tousiours.*

CANTI-

# CANTIQVE DE SAINCT
## AVGVSTIN,

*Te Deum Laudamus, &c.*

Sur la mesure de,

*Rendons graces à Dieu, &c.*

Grand Dieu, nous te louons, nous t'adorōs, Seigneur
Eternel Pere haut, terre te porte honneur:
Les puissans Cherubins, tout le ciel à la fois
    Meslant des Seraphins la voix.

Sainct, Sainct, Sainct le Seigneur ( dit ce volāt trou-
Saim des armes le Dieu, Dieu qui pour escabeau (peau)
Tiens du monde le rond, soubs qui le ciel heureux
    Porte un throsne majestueux.

Des Prophetes le chœur, chœur des Apostres saincts,
Martyrs vestus à blanc, chefs de triomphes ceints
Leur champ victorieux chante de haute voix
    Vn Roi prince des autres Rois.

L'Eglise en l'Vnivers hausse l'Eternité
D'vn seul Dieu trine & vn, l'entiere verité
Par l'esprit paraclet nous adorons ravis,
    Confessans le Pere & le Fils.

Sauueur, qui de l'humain n'as dedaigné le sang,
Mais l'as pris d'une vierge au pur & chaste flanc,
Pour ouvrir de la grace & de salut le port,
    Tu vainquis l'aiguillon de mort.

Tu diras de la dextre, où Iuge tu te sieds,

                          K

L'arreſt des Elements, tes riches marchepieds
Soit lors ton peuple, dont ta vie fut le prix,
Gardé cher comme il eſt acquis.
Aujourd'hui iour heureux qu'à bruire nous vouons,
Ton grand nom de ſiecle en ſiecle nous louons.
Souſtien-nous, que ce iour point ne ſoit entaché
D'erreur, ni de nouveau peché.
Or donc aye pitié, aye pitié de nous:
Sur nous tourne ton œil favorable & doux.
Confondus ne ſeront ceux qui en autre lieu
N'ont foi qu'en la faveur de Dieu.
Soit gloire au Pere & Fils, au paraclet l'honneur
Deu au Dieu trine & un perpetuel Seigneur.
Dieu tel qu'il fut & eſt ſera ſans finir
Par tous les ſiecles à venir.

---

## CANTIQVE DE SIMEON.

$-\cup\cup-\cup\cup-\cup\cup---\cup\cup-\cup-$

$---\cup\cup$

$-\cup\cup-\cup\cup-$

O Createur tu repais, & remets tõ ſerviteur en paix
Comme promettre te pleut,
Puis que ie ſuis ſi heureux, ſi ioyeux, de cognoiſtre de mes
Du peuple tien le ſalut.                            (yeux
C'eſt le ſalut mis avãt, ſalut aidãt, tout peuple vivant,
A qui le voit & le croit:
Des gentils la lueur, des petis l'heur, Iſraël au cœur
Gloire & triomphe reçoit.

### Fin des Vers Meſurés.

PSEAV

## PSEAVME SEIZIÈSME
*Sois-moi Seigneur, &c.*

En vers mesurés phaleuces.
- - - ∪ ∪ - ∪ - ∪ - ∪

Dieu fort, garde moi, qui tousiours me suis mis,
Et tousiours retiré, dessous ta bonté.
Ma pauvre ame, tu as dit à l'Eternel,
Tout mon bien ne peut estre haussé vers toi:
Mais bien mon vouloir est d'assister à tes saincts,
Qui pour vuire bien ont acquesté bon bruit.
Ceux qui ont couru, ou courent abusés,
Prosternés aprés autres Dieux que du ciel,
Verront multiplier malheurs & torments
Sur leur chef: ie ne veux y avoir iamais part
Aux offertes de sang, ni mesmes à leurs noms.
Dieu est l'entiere part de mon lot exquis.
Plus plaisant heritage n'eust peu m'eschoir:
L'arpenteur ma tracé la fleur du plus beau.
Or Dieu soit loué, qui me conseille ainsi,
Qui m'apprend de iour, & mesclaire les nuicts.
Sa force est à ma dextre pour me garder:
Mon cœur s'en resiouit, ma langue s'en rit,
Ma chair s'asseure car tu es le sauveur.
Tu n'abandonneras mon ame au tombeau,
La corruption à ton oinct ne nuira.
Plustost tu me feras cognoistre & garder
Les sentiers de vie & de ioye, qui sont
Au ciel: car ta veuë est le comble par fait,
En ta dextre logeant le souverain bien.

K ij

## L'Hyver

# DV Sr D'AVBIGNE'.

Allusion des Irondelles, qui changent
de demeure pour l'hyver, aux desirs lassifs qui s'esloignent
pour la vieillesse.

ES volages humeurs plus steriles que belles
S'en vont, & ie leur di, Vous sentés, Irondelles,
S'esloigner la chaleur. & le froid arriver:
Allez nicher ailleurs, pour ne fascher impures
Ma couche de babil, & ma table d'ordures:
Laissez dormir en paix la nuict de mon hyver.

D vn seul poinct le Soleil n'esloigne l'hemisphere,
Il iette moins d'ardeur, mais autant de lumiere.
Ie change sans regrets, lors que ie me repens.
Des frivoles amours & de leur artifice.
I'aime l'hyver, qui vient purger mon cœur du vice,
Comme de peste l'air, la terre de serpens.

Mon chef blanchit dessous les neiges entassees,
Le Soleil qui luit les eschauffe glacees,
Mais ne les peut dissoudre au plus court de ces mois.
Fondez neiges, venez dessus mon cœur descendre,
Qu'encores il ne puisse allumer de ma cendre

Du

Du brazier, comme il fit des flammes autrefois.

Mais quoi, serai-ie esteint devant ma vie esteinte?
Ne luira plus en moi la flamme vive & saincte,
Le zele flamboyant de la saincte maison?
Ie fai aux Saincts autes holo austes des restes
De glace aux feux impurs, & de naphte aux celestes:
Clair & sacré flambeau, non funebre tison.

Voici moins de plaisirs, mais voici moins de peines:
Le rossignol se taist, se taisent les sereines:
Nous ne voyons cueillir ni les fruicts ni les fleurs:
L'esperance n'est plus bien souvent tromperesse,
L'hyver iouyt de tout, bien heureuse vieillesse,
Le saison de l'usage, & non plus des labeurs.

Mais la mort n'est pas loin: cette mort est suivie
D'vn vivre sans mourir, fin d'vne fausse vie:
Vie de nostre vie, & mort de nostre mort,
Qui hait la seurté pour aimer le naufrage:
Qui a iamais esté si friand de voyage,
Que la longueur en soit plus douce que le port?

# PRIERE DV MATIN.

LE soleil couronné de rayons & de flammes
Redore nostre aube à son tour:
O Sainct Soleil des Saints, soleil du S. Amour,
Perce de fleches d'or les tenebres des ames
En y ralumant le beau iour.

Le soleil radieux iamais ne se courrouce,
Quelquefois il cache ses yeux:
C'est quand la terre exale en amas odieux,
Vn voile de vapeurs qu'au devant elle pousse,
En se troublant & non les cieux.

Iesus est tousiours clair, mais lors son beau visage
Nous cache ses rayons si doux.
Quand nos pechés fumans entre le ciel & nous
De vices redoublés enlevent un nuage,
Qui noircit le ciel de courroux.

En fin ce noir rempart se dissout & s'esgare
Par la force du grand flambeau.
Fuyez pechez, fuyez, le Soleil clair & beau
Vostre amas vicieux & dissipe & separe,
Pour nous oster nostre bandeau.

Nous ressusciterons des sepulchres funebres
Comme le iour de la nuict sort:
Si la premiere mort de la vie est le port.
Le beau iour est la fin des espesses tenebres,
Et la vie est fin de la mort.

# PRIERE DV SOIR.

Dans l'espais des ombres funebres,
Parmi l'obscure nuict image de la mort,
Astre de nos esprits, sois l estoile du nort,
Flambeau de nos tenebres.

Delivre nous des vains mensonges,
Et des illusions des foibles en la foi:
Que le corps dorme en paix, que l'esprit veille à toi,
Pour ne veiller à songes.

Le cœur repose en patience,
Dorme la froide crainte, & le pressant ennui:
Si l'œil est clos en paix, soit clos ainsi que lui
L'œil de la conscience.

Ne souffre pas en nos poictrines
Les sursauts des meschants sommeillãs en frayeur,
Qui sont couverts de plomb, & se courbent en peur
Sur un chevet d'espines.

    A ceux qui chantent tes loüanges
Ton visage est leur chef, leur chevet ton giron,
Abriés de tes mains, les rideaux d'environ
Sont le camp de tes Anges.

## MEDITATION ET PRIERE
pour communiquer à la Cene
du Seigneur.

Ors qu'au banquet precieux
  Ie savoure les viandes
Salutaires & friandes
Et des Anges & des cieux.

    Adresse vers toi mes pas,
Ma main, afin qu'elle touche,
Ton haleine ouvre ma bouche
Pour manger à ce repas.

    Que ton Esprit, ô mon Dieu,
Esprit d'union, m'unisse,
Et tout entier me ravisse
De si bas en si haut lieu.

    Hausse-moi dessus le rang
De la pauvre humaine race,
Ma chair de ta chair se face,
Et mon sang de ton pur sang.

    Que ta main tout de nouveau
M'attache, serre & arreste,

*Comme le corps à sa teste,*
*Ou la vigne à son ormeau.*

  *Que mon cœur enfelonné*
*Ne s'enfle contre personne:*
*Donne moi que ie pardonne,*
*Afin d'estre pardonné.*

  *Comme iadis à l'hostie*
*On arrachoit tout le fiel,*
*Fai que ie ne sacrifie*
*Rien d'amer au Dieu du ciel.*

## PRIERE ET CONFES-
### SION.

*IE porte dans le ciel mes yeux & mes desirs,*
*Ioignãt, comme les mains, le cœur à ma requeste:*
*Ie ploye mes genoux atterrant mes plaisirs,*
*Ie te descouvre, ô Dieu, mes pechez & ma teste.*

  *Mes yeux de mes desirs corrupteurs ont cerché*
*L'horreur, mes mains le sang, & mon cœur les ven-*
    *geances :*
*Mes genoux ont ployé au piege de peché,*
*Et ma teste a bien moins de cheveux que d'offenses.*

  *Si ie ne desguisois, tes clairs yeux sont en moi,*
*Ces yeux qui percent tout, & desfont toutes ruses.*
*Qui pourroit s'excuser accusé par son Roi?*
*Ie m'accuserai donc, afin que tu m'excuses.*

  *Mais qui cuide tirer un frivole rideau,*
*Pour celer ses pechez, se prive de ta face:*
*Et qui p se donner à tes yeux un bandeau,*
*Est veu, & ne voit plus ta face ni ta grace.*

*Pere*

Pere plein de douceur, comme auffi iufte Roi,
Qui de grace & de loi tiens en main les balances,
Comment pourrai-ie faire une paix auec toi,
Qui ne puis feulement faire trefue aux offenfes?

Ie fuis comme aux Enfers par mes faits vicieux:
Ie fuis noir & fanglant par mes pechés, fi ai-ie
Les ailes de la foi pour reuoler aux cieux,
Et l'eau de Siloé me blanchit comme neige.

Exauce-moi du ciel, feul, fort, bon, fage, & beau,
Qui donne au iour le clair, & le chaut à la flamme,
L'eftre à tout ce qui eft, au Soleil fon flambeau,
Moteur du grand Mobile, & ame de tout ame.

Tu le feras, mon Dieu, mon efpoir eft certain,
Puis que tu l'as donné pour arre & pour auance:
Et ta main bien faifante eft cette feule main,
Qui parfait fans faillir l'œuvre qu'elle commence.

Ne defploye fur moi ce grand vent confumant
Tout ce qui lui refifte, & ce qu'il veut atteindre:
Mais pour donner la vie au lumignon fumant,
Souffle pour allumer, & non pas pour efteindre.

La langue du mefchant defchire mon honneur,
Quand de plume & de voix le tien i'efcris & châte.
Deliure-moi de honte, & ne fouffre, Seigneur,
Au vaiffeau de ta gloire une fenteur puante.

Ie me fauue chez toi, les mains & le cœur mis
Aux cornes de l'autel; Fort des forts, iufte Iuge,
Ne fouffre par le fer des meurtriers ennemis
Enfanglanter ton fein en brifant ton refuge.

Cet efprit qui me rend haineux de mon peché,
C'eft le Confolateur, qui m'apprend Abba pere:
De contraires effects ie fuis par lui touché,
Car il fait que ie crains, & fi fait que i'efpere.

Tu m'arrouſes du ciel,ingrat,qui ne produis
Qu'amers chardons au lieu de douces medecines.
Pren ta gaule,Seigneur,pour abbatre ces fruicts,
Et non pas la coignee à couper les racines.

Vſe de chaſtiment,non de punition:
Eſmonde mes iettons,laiſſe la branche tendre,
Ainſi que pour chaſſer l'air de l'infection
Mettant le feu par tout on ne met rien en cendre.

## PRIERE DE L'AVTHEVR
### priſonnier de guerre, & con-
### damné à mort.

Ors que ma douleur ſecrette
D'un cachot aveugle iette
Maint ſouſpir empriſonné,
Tu m'entends bien ſans parole,
Ma plainte muette vole
Dans ton ſein deſboutonné.

Ie veux que mon ame ſuive,
Ou ſoit libre, ou ſoit captive,
Tes plaiſirs : rien ne me chaut ;
Tout plaiſt pourveu qu'il te plaiſe,
O Dieu : pour me donner l'aiſe,
Donne-moi ce qu'il me faut.

Ma chair qui tient ma penſee,
Sous ſes clefs eſt abaiſſee,
Sous la clef d'un geolier :
Dont ſoit en quelque maniere
Cette priſon priſonniere,
Moins rude à ſon priſonnier.

Que

Que si mon ame captive
Est moins allegre, & moins vive
Lors que ses membres germains
L'enveloppent de mes peines,
De mes pieds oste mes chaines,
Et les manottes des mains.

    Mais si mon ame au contraire
Fait mieux ce qu'elle veut faire
Quand son ennemi pervers
Pourrit au fonds de ses grottes,
Charge mes mains de manottes,
Et mes deux iambes de fers.

    Si le temps de ma milice,
Si les ans de mon service
Sont prolongez, c'est tant mieux:
Cette guerre ne m'envie,
Douce me sera la vie,
Et le trespas ennuyeux.

    Mais, ô mon Dieu, si tu trouve
Qu'il est temps qu'on me releve,
Ie suis tout prest de courir,
De tout quitter pour te suivre;
Le mourir me sera vivre,
Vivre me sera mourir.

## REVEIL.

ARrieres de moi vains mensonges,
Veillans & agreables songes,
Laissez-moi, que ie dorme en paix:

Car bien que vous soyez frivoles,
C'est de vous qu'on vient aux paroles,
Et des paroles aux effects.

Voyez au iardin les pensees
De trois violets nuançees,
Du fond rayonne un beau Soleil:
Voila bien des miennes l'image,
Sans odeur, sans fruict, sans usage,
Et ne plaisent qu'un iour à l'œil.

Ce n'est qu'Amour en l'apparence,
Ce n'est qu'une verde esperance,
Que rayons & vives clartez:
Mais cette esperance est trop vaine,
Ce plaisir ne produit que peine,
Et ses rayons obscurités.

Mes desirs s'en gayent sans cesse
De la fureur à la finesse,
Le milieu est des cœurs benins:
On peint la Chimere de mesmes,
On lui donne à ses deux extremes
Ou les Lions, ou les venins.

Ce qui se digere par l'homme
Se fait puant ; voyez-vous comme
C'est un dangereux animal,
Changeant le bien en son contraire:
Car ce qui est vain à bien faire,
Ne l'est pas à faire du mal.

ADVIS

## ADVIS D'VNE FILLE
### aux autres.

VOus qui cueillez par les prés les couleurs,
  Friandes mains, qui amaſſez les fraiſes,
Que de piquons ſe chaſſent ſous vos aiſes,
Que de ſerpens ſe coulent ſous les fleurs.

  I'eſtoy' plongee en l'Ocean d'aimer,
I'ai eſchappé le fleuve Acherontide,
I'eſpans aux borts ma robe toute humide,
Et ſacrifie au vrai Dieu de la mer.

  Le plus ſouvent telle penſe cercher
Vn doux ami qui trouve un rude maiſtre:
Le trop d'eſclat & deſir de paroiſtre
Eſt bien ſouvent ce qui nous fait cacher.

  Fermez l'oreille aux mortelles douceurs,
Aux enchanteurs, n'eſcoutez les Sereines:
Ma peine fut d'avoir ouy leurs peines,
Et ma douleur d'entendre leurs douleurs.

  On veut ſur tout reluire & plaire à l'œil
Ayant le nom de ſages, d'aviſees:
Qui vous noircit & vous rend meſpriſees
C'eſt le plus clair & plus brillant Soleil.

  Or vous craignez d'avoir le teint hydeux
Vous deſirez d'eſtre bien eſtimees
L'ombre conſerve & teins & renommees
C'eſt un ſecret qui garentit les deux.

  Comme l'œil prend, trahi par ſon obieƐt
L'impreſſion de l'œil où il ſe mire.

Ainſi le mien offenſé par un pire,
Prit un vrai mal d'un frivole ſuiect.

Leurs faux ſouſpirs meuvent à ſouſpirer
Par leurs ſoufflets ma poictrine enflammee,
Ces feux trompeurs, qui n'eſtoyent que fumee,
Mieux que des vrais m'apprirent à pleurer.

Ainſi gemit & pleure dans ſon fort
Le faux ſerpent ſur les rives du Nile
Tels ſont les pleurs par qui le crocodile
Fait la tendreſſe un appas à la mort.

Tels ſont leurs feux que ceux de ces Ardens
Qui en Eſté vont ſuivant les rivieres
Vous conduiſant de leur fauſſes lumieres,
Le long des eaux pour vous ietter dedans.

C'eſt ſe hayr que leur rendre amitié,
C'eſt ſ'obeir que leur eſtre rebelles,
C'eſt la pitié que leur eſtre cruelles,
Et cruauté que d'en avoir pitié.

## EXTASE.

Ainſi l'amour du ciel ravit en ces hauts lieux
Mon ame ſans la mort, & le corps en ce môde
Va ſouſpirant çà bas à liberté ſeconde
De ſouſpirs pourſuivans l'ame iuſques aux cieux.

Vous courtiſez le ciel, foibles & triſtes yeux,
Quand vſtre ame n'eſt plus en cette terre ronde:
Devale corps laſſé dans la foſſe profonde,
Vole en ton paradis eſprit victorieux.

O là

*O la foible esperance, inutile souci,*
*Aussi loin de raison que du ciel iusques ici,*
*Sur les aisles de foi delivre tout le reste.*

*Celeste amour, qui as mon esprit emporté,*
*Ie me voi dans le sein de la divinité,*
*Il ne faut que mourir pour estre tout celeste.*

## SONNET AV ROI CHARLES IX.
### Sur l'imitation de,

*Dicitur Ægyptus.*

'Egypte fut sterile, & fut neuf ans sans eau,
Quãd Buzire incité du malheureux Thrasie,
D'offrir à Iupiter ses hostes en hostie,
Paya le conseiller de son conseil nouveau.

Sous Assuere Aman a filé son cordeau,
Comme l'autre donna à l'Egypte la pluye:
L'Autheur de Mont-faucon sa potance à bastie,
Et Perille esprouva le premier son taureau.

Sire, vostre France est tant seiche & tant sterile,
Elle nourrit prés vous maint Thrasie & Perille,
Thrasies en conseil qui n'ont pas telle fin.

Offrans à leurs desseins le plus cher sang de Frãce
He! punissez de feu ces boutefeux, afin
Que l'artisan de mort espreuve sa science.

*Larmes*

POVR SVSANNE DE LEZAI
ESPOVSE DE L'AVTHEVR POVR
attacher à la fin du Pſeaume huictante
& huictiesme, qui eſt employé
ci-deſſus en deux fa-
çons.

'*Ay couvert mes plaintes funebres*
*Sous le voile noir des tenebres,*
*La nuict a gardé mes ennuis,*
*Le iour mes allegreſſes feintes,*
*Cacher ni feindre ie ne puis,*
*Pource que les plus longues nuicts*
*Sont trop courtes à mes complaintes.*

*Le feu dans le cœur d'une ſouche*
*A la fin lui forme une bouche,*
*Et lui ouvre comme des yeux,*
*Par où l'on void & peut entendre*
*Le braſier eſpris en ſon creux:*
*Mais lors qu'on void à clair ſes feux,*
*C'eſt lors qu'elle eſt demi en cendre.*

*Au printemps on coupe la branche,*
*L'Hyver ſans danger on la tranche:*
*Mais quand un acier ſans pitié*
*Tire le ſang qui eſt la ſeve,*
*Lors pleurant ſa morte moitié*
*Meurt en eſté de l'amitié*
*La branche de la branche veſve.*

Que

Que l'æther fouspire à ma veuë,
Tire mes vapeurs en la nuë;
Le tison fumant de mon cœur
Vn pareil feu dans le ciel mette,
Qui de iour cache son ardeur,
La nuict d'effroyable splendeur,
Flamboye au ciel un grand comette.

Plaindroi-ie, ma moitié ravie,
De quelques moitiés de ma vie?
Non, la vie entiere n'est pas:
Trop pour en ces douleurs s'esteindre,
Souspirer en passant le pas
Par les trois fumeaux du trespas,
C'est plaindre comme il faut se plaindre.

Plus mes yeux assechez ne pleurent,
Taris sans humeur ils se meurent:
L'ame la pleure, & non pas l'œil:
Ie prendrai le drap mortuaire
Dans l'obscurité du cercueil,
Les noires ombres pour mon dueil,
Et pour crespe noir le suaire.

---

# IMITATION D'VN ITA-
## LIEN.

Sois continent, mon fils, & circoncis, pour l'estre,
Tout superflu de toi: sois de tes vouloirs maistre,
Serre-les à l'estroit, regle au bien tes plaisirs,
Ottroye à la nature, & refuse aux desirs.
Qu'elle, & non ta fureur, soit ta loi, soit ta guide:
Que la concupiscence en reçoive une bride.

L

Fui les mignardes mœurs, & cette liberté,
Qui fausse va cachant au sein la volupté.
Tiens pour crimes l'excés: sobre & prudent esloigne
Du manger le gourmand, & du boire l'hyvrogne.
Hai le mortel loisir, tien le labeur plaisant,
Que Satan ne t'empoigne un iour en rien faisant.
Vse sans abuser des delices plaisantes,
Sans cercher curieux les cheres & pesantes
Ne mesprise l'aysé : va pour vivre au repas,
Mais que ta volupté ne t'y appelle pas.
Ton palais convié par l'appetit demande
Non les morceaux fardés, mais la simple viande.
Le prix de tes desirs soit commun & petit,
Pour faire taire, & non aiguiser l'appetit.
Par ces degrés le corps s'apprend & s'achemine
Au goust de son esprit, nourriture divine.
N'affecte d'habiter les superbes maisons,
Mais bien d'estre à couvert aux changeantes saisons.
Que ta demeure soit plustost saine que belle,
Qu'elle ait renom par toi, & non pas toi par elle.
Mesprise un titre vain, les honneurs superflus;
Retire toi dans toi, parois moins, & sois plus.
Pren pour ta pauvreté seulement cette peine,
Qu'elle ne soit pas sale, & l'espargne vilaine.
Garanti du mespris ta simple probité,
Et la lente douceur du nom de lascheté.
Que ton peu soit aisé, ne pleure pour tes peines,
Ne sois admirateur des richesses prochaines.
Hai, & cognois le vice avant qu'il soit venu,
Crains toi plus que nul autre ennemi inconu.
N'aime les saletés sous couleur d'un bon conte,
Elles te font souffrir & non sentir la honte.

Oy

Oi pluſtoſt le diſcours utile que plaiſant,
Tu pourras bien meſler les ieux en deviſant
Sauve ta dignité:mais que ton ris ne ſente
Ni le fard ni l'enfant,ni la garce puante.
Tes bons mots n'ayent rien du bouffon effronté,
Tes yeux ſoyent ſans tiſon pleins de civilité,
Afin que ſans bleſſer tu plaiſes & tu ries:
Diſtingue le mocqueur d'avec les railleries.
Ta voix ſoit ſans eſclat,ton cheminer ſans bruit,
Que meſme ton repos enfante quelque fruit.
Evite le flateur,& chaſſe comme eſtrange
La louange de ceux qui n'ont acquis louange.
Ry-toi quand les meſchans t'auront à contre cœur,
Tien leur honneur à blaſme,& leur blaſme à honneur.
Sois grave ſans orgueil,non contraint en ta grace:
Sois humble non abiect,reſolu ſans audace.
Si le bon te reprend,que ſes coups te ſoyent doux,
Et ſoyent deſſus ton chef comme baume ſecoux.
Car qui reprend au vrai eſt un utile maiſtre?
Si non,il a voulu & eſſayé de l'eſtre.
Tire meſme profit & des roſes parmi
Les picquons outrageux d'un menteur ennemi.
Fai l'eſpion ſur toi pluſtoſt que ſur tes proches,
Repren le defaillant ſans fiel & ſans reproches:
Par ton exemple inſtrui ta femme à ſon devoir,
Ne lui donnant ſoupçon pour ne le recevoir:
Laiſſe lui iuſte part du ſoin de la famille,
Cache tes gayetés & ton ris,à ta fille.
Ne te ſers de la verge,& ne l'employé point
Que contre l'obſtiné:fay tes preſens a point.
Sois au Prince,à l'ami,& au ſerviteur comme
Tel qu'a l'ange à toi meſme,& tel qu'õ doit à l'homme,
Ce que tu as ſur toi,aux coſtés,au deſſous

L iij

*Te trouve biē servant, chaut ami, & Seigneur doux.*
*De ces traits generaux maintenant ie m'explique,*
*Et à ton estre à part ma doctrine i'applique.*

*IVLES CÆSAR SCALIGER LE*
*soir dont il mourut, dicta à son fils Sylvius les dix*
*vers qui s'ensuivent traduits en autant de vers:*
*les quatre premiers du Sonnet ne servent que*
*de preface.*

Gredere, ô miseris multū defuncta ruinis,
Egredere, & servis servilia regna relinque.
Aude, hospes, tenebris horrendi imponere finé
Exilij, & patriæ speratas quærere sedes.
Tristes exuviæ, falsæque incommoda lucis,
Isthic nunc, fera turba, iace: nos libera cæli
Pignora sperato iam iam potiemur Olympo.
Tu modo, nate Deo, rerum pia victima, IESV,
Aspice nos, qui cūcta animas, spes unica, morté
Exue morte noua, atque nova vita indue vitam.

*QVād le corps delaissoit force & beauté naïfve,*
*Quād l'acier de la mort coupoit le dernier fil,*
*Lors d'un esprit plus fort, plus libre, plus subtil,*
*Ainsi d'soit l'Escale à son ame fuitive:*
 *Sors, à bout, d'habiter ta masure chetive,*
*Mon ame, quitte aux serfs ce royaume servile,*
*Estrangere, changeant ton tenebreux exil*
*Au pays habité desia par ta foi vive.*

*Adieu*

Adieu triste despoüille, Adieu fausse lumiere,
Fiers, croupissez ici : & nous la race chere
Du ciel, nous allons vivre au ciel en nous mourant.

A ce coup Fils de Dieu Iesus, de tous l'hostie,
Ame de tout, voi nous ; espoir de l'esperant,
Tire un mort de la mort, donne au vif l'autre vie.

## SVR LE COMETTE QVI PARVT
entre le massacre & la mort du Roi Char-
les, traduit de Monsieur de
Beze.

CE comette nouveau, de qui la vive face
Ne frisonne de queuë, & n'espand de cheveux,
Espouvante la terre & desguise les cieux
Qui l'avoyent autrefois veu luire en mesme place.

Le seul Dieu menaçant cognoist cette menace :
Mais s'il permet aux sens d'accompagner nos yeux,
C'est ce mesme flambeau qui monstra gracieux
Aux Sages d'Orient du Sainct berceau la trace.

C'est celui qui marqua du Redempteur du mõde
La premiere venuë, & promet la seconde :
Qui fait chanter les uns, les autres fait troubler.

O Chrestiens fugitifs, ô prisonniers, qu'on oye
Vostre chant de victoire, & vos esclats de ioye :
Mais, Herodes sanglants, c'est à vous de trembler.

L iij

## DV PAON ET DV COVR-
### TISAN.

*Qvand le paon met au vent son pennage pompeux,*
*Il s'admire soi-mesme, & se tient pour estrange:*
*Le courtisan ravi de sa vaine loüange,*
*Voudroit comme le paon estre parsemé d'yeux.*

*Tous deux sont mal fondez, aussi de tous les deux,*
*Quand il faut s'esprouver, la vaine gloire change,*
*Comme le paon miré dans son pennage d'Ange*
*En desdaignant ses pieds devient moins glorieux.*

*Encore est nostre paon au courtisan semblable,*
*Que de la voix sans plus il se monstre effroyable,*
*Il descouvre l'ami qui le loge chez lui.*

*Il est ialoux de tout, il est suiet aux rheumes:*
*Ils different d'un poinct, que l'un monstre ses plumes,*
*Et que l'autre est paré du pennage d'autrui.*

## L'AVTHEVR TROVVA EN PAS-
sant par Agen un fort beau chié nommé Citron, qui avoit accoustumé de coucher avec
sa Majesté: Il lui fit coudre sur le col, en forme de Placet, ce qui s'ensuit; & le chié ne fail-
lit point dés le soir à s'aller presenter au Roi.

*SIRE, vostre Citron, qui couchoit autrefois*
*Sur vostre lict paré, couche ores sur la dure:*
*C'est ce fidelle chien qui apprit de nature*
*A faire des amis & des traistres le choix:*

C'est

C'eſt lui qui les brigands effrayoit de ſa voix,
Et de dẽts les meurtriers: d'où viẽt dõc qu'il endure
La faim, le froid, les coups, les deſdains, & l'iniure,
Payement couſtumier du ſervice des Rois:

   Sa fierté, ſa beauté, ſa ieuneſſe agreable
Le fit cherir de vous; mais il fut redoutable
A vos haineux, aux ſiens, par ſa dexterité.

   Courtiſans, qui iettez vos deſdaigneuſes veües
Sur ce chien delaißé, mort de faim par les rües,
Attendez ce loyer de la fidelité.

LE ROI DE NAVARRE TRA-
vaillant à ſe reſoudre pour ſe ſauver de la
Cour, & eſtant le premier de l'an renfermé
dans un coche pour en ſe pourmenant parler plus ſeurement avec les Sieurs de Roc-
quelaure, le dernier auquel ledit Roi demande ſes eſtreines lui fit preſent d'un bouquet
d'Olive, de laurier, & de Cyprés, ioignant au
corps de cet embleme l'ame qui s'enſuit:

'Eſtrenerai mon Roi de trois ſortes de vers,
   Vn paſle, un vif, un brun; nul des trois ne
     ſeſtonne,
Mais plus doux, & plus fort, & plº beau rebourgeõne
Au vent, & au Soleil, & au froid des hyvers.

   Moins que ce verd encor ſe fleſtriront mes vers
Pour un Roi, qui de paix ſes ſubiets environne,
Qui vainqueur eſtablit par le fer ſa couronne,
Ou qui avec l'Eſtat met ſa vie à l'envers.

            L  iiij

*Sage, brave, conſtant, mon Prince, fai ton conte*
*De regner, vivre, ou bien ne ſurvivre à ta honte:*
*Si tu donnes la paix, ie te donne l'Oliue:*

    *Si tu vaincs, ſaches qui, le laurier vient apres:*
*Si tu meurs, le Cyprés couronne l'ame viue;*
*Si non, ren tout, Oliue, & laurier, & cyprés.*

---

## SVR L'ADIEV DE MONSIEVR
la Ravaudiere partant pour aller ſur mer, &
demandant la benediction de l'Autheur.

*Llez cueillir ſous le Canope*
*L'or, les honneurs, & les plaiſirs,*
*Puis que les bornes de l'Europe*
*Ne ſont celles de vos deſirs.*

    *Au calme, parmi les tempeſtes,*
*Et en tout temps, & en tout lieu,*
*Souvenez-vous bien que vous eſtes*
*Dedans le ſein de voſtre Dieu.*

---

## DE LA PAIX.

*Oici une ſuite eſtrange*
*D'un deſordre, & ſes effets:*
*Il tire Mars, Mars Anange,*
*Et cet Anange la paix:*
*La paix, qui a pour nourrice*
*La dure neceſſité,*
*Tire apres ſoi la iuſtice,*
*Et la blanche pieté.*

                            **SVR**

## SVR L'INCONSTANCE DE
la femme.

Qvi va pluſtoſt que la fumee,
Si ce n'eſt la flamme allumee,
Pluſtoſt que la flamme, le vent?
Pluſtoſt que vent, c'eſt la femme:
Quoi plus? Rien, elle va devant
Le vent, la fumee, & la flamme.

## LA PRINCESSE DE PORTVGAL
avec ſix filles eſtant retiree à Geneve, fut
traictee par l'Autheur, & en un grand con-
cert de Muſique les vers qui ſuivent pro-
noncez.

Ous avez donc, ſage Princeſſe,
Sur le vent mauvais qui nous preſſe
Choiſi Geneve, comme un lieu,
Qui iuſques au ſiecle où nous ſommes,
Au prix de la haine des hommes,
A ſenti l'amour de ſon Dieu.
Voici la Cité des merveilles,
Vous avez les Anges pour veilles,
Le guet d'Iſraël eſt icy:
Si vous ne trouvez les delices,
L'eſclat des pompes & des vices,
Vous ne les cerchez pas auſſi.

*Pluſtoſt un' ombre ſolitaire,*
*A pourſuivre les pleurs d'un frere,*
*Que les ſainɛts pleurent avec vous.*
*Vos larmes ſont de tel uſage,*
*Si douces, comme dit le Sage,*
*Que le rire n'eſt pas ſi doux.*

   *Des ſept ſœurs la troupe dolente*
*Verſa tant de pleurs pour Hyante,*
*Et gemit ſi amerement,*
*Que, ſelon les fables anciennes,*
*Iupiter eſmeu de leurs peines*
*Logea les ſept au firmament.*

   *Entre les Aſtres ou brigades*
*Des eſtoiles, ſont les Hyades,*
*Qui donnent leur dueil à l'Æther:*
*Et c'eſt cet aſtre qui convie*
*Le ciel aux pleurs, l'air à la pluye.*
*Et l'Vnivers à lamenter.*

   *Six Princeſſes de compagnie,*
*Qui de vous ont reçeu la vie,*
*Et l'exemple de pieté,*
*Qui ont eu part à vos deſaſtres,*
*Avec vous paſſeront les Aſtres,*
*En luſtre, en honneur, en clarté.*

   *O quelles ſeront ces Eſtoiles,*
*Quand ſans entredeux, & ſans voiles*
*Elles s'embraſeront à l'œil?*
*Qui fait les clartez eternelles,*
*Dieu ſe faiſant un miroir d'elles*
*Comme des aſtres le Soleil.*

HYM-

*Hymne*
## SVR LA MERVEILLEVSE
### DELIVRANCE DE GENEVE.

Pour chanter fur le chant,

*Rendez à Dieu loüange & gloire.*

 Ce beau iour nous eſt donnee
  Matiere d'exultation:
  La voici l'heureuſe iournee,
Où Dieu fit merveille à Sion.
  Quittez vos couches emplumees
Au poinct de l'Aube, Genevois,
Pour chanter au Dieu des armees
Cantique de cœur & de voix.
Quand les ennemis de vos vies
  Vous preparoyent la mort, alors,
Ames & armes endormies,
Vous eſtiez en eſtat de morts.
  Vne confiance mortelle
D' meſpris vous avoit charmés,
  Quand d'Iſrael la ſentinelle
A veillé pour ſes bien-aimés.
Venez, tous ſexes & tous aages,
  Chanter avec nous en ce lieu
Les grands effects des hauts ouvrages,
Et les delivrances de Dieu.
  Dieu qui dans les dangers extremes
Dreſſa nos cœurs & nos eſprits,
  Et à nous reprendre nous-meſmes,
Et ceux-la qui nous avoyent pris.

Ce n'est pas seulement au Temple,
     Vieillards, Seigneurs de la Cité,
     Que vous avez servi d'exemple
     De miroir & de pieté.
          Mais les premiers à vous resoudre,
     Et aux armes plus diligens,
     Dieu vous a fait mettre la poudre
     Dans le nez de vos ieunes gens.
Soldats, qui ne vous donnez peine
     Des ennemis à millions,
     Donnez en gloire au Capitaine,
     Qui d'agneaux vous a faict lions.
          Ce fut Iesus doux & propice,
     Qui vous esmeut, & vous guida,
     Lors que d'agneau du sacrifice
     Il se fit lion de Iuda.
Meres, matrones venerables,
     Prenez vos enfans condamnez
     Par les tyrans impitoyables
     A mourir premier qu'estre nés.
          Apportez ces cheres enfances
     Dedans le temple, Genevois,
     Pour accorder vos consonances
     Avec leurs innocentes voix.
Et vous, Genevoises fillettes,
     Puis que les cordeaux inhumains
     N'ont peu garrotter vos mains nettes,
     Faites claquer ces blanches mains.
          Et que ces voix pures & sainctes,
     Qui aux fers des malicieux
     Eussent percé l'air de leurs plaintes,
     Percent de loüange les cieux.

                                        Dites,

Dites, O Dieu, tu vois la guerre
   De ces geans avantureux:
   Fait voir aux enfans de la terre,
   Que le Ciel est trop haut pour eux.
     Fai que ces fols, es infideles
   Brisez de la verge de fer
   Trouvent au bout de leurs eschelles
   Le cordeau, la mort, & l'enfer.

## Tombeaux.

### PREPARATIF A LA MORT
### en allegorie maritime.

C'Est un grand heur en vivant
   D'avoir vaincu tout orage,
D'avoir au cours du voyage
Tousiours en poupe le vent:
   Mais c'est bien plus de terrir
A la coste desiree,
Et voir sa vie asseuree
Au havre de bien mourir.
   Arriere craintes & peurs,
Ie ne marque plus ma course
Au Canope, ni à l'Ourse,
Ie n'ai souci des hauteurs:
   Ie n'espie plus le Nord,
Ni pas une des estoiles,
Ie n'ai qu'à baisser les voiles
Pour arriver dans le port.

## POVR METTRE A LA PORTE DV
tombeau baſti dans un eſpron, à la defenſe
duquel il vouloit obliger ſes enfans.

ENfans, ſi vos ennemis oſent
Travailler où mes os repoſent,
Rendez la voſtre vie à Dieu,
Donnez au vrai honneur la vie,
Car voſtre pere vous convie
De l'accompagner en ce lieu.

## AV TOMBEAV DE IODELE.

LEs corps qui ſont nés de terre
Se renomment par la pierre,
Mais les celeſtes eſprits
S'eterniſent par eſcrits.

## POVR VNE BELLE FILLE
morte au berceau.

CEtte grand beauté ſi exquiſe,
En bref temps eſcloſe & repriſe,
Ne fut à nous que par depoſt:
Le ciel la monſtra par merveille
Comme une perle ſans pareille
Qu'on deſcouvre, & ſerre auſſi toſt.

## TOMBEAV DE M. DE LA CAZE
trouué en ſa pochette quand il fut tué,
traduit du Latin.

PAſſant ne pleure que pour toi,
Si ie paſſe en meilleure vie,
Ie n'ai beſoin de ma patrie,
Mais elle aura faute de moi.

E L O.

# ELOGE DE SIMON GOVLART
## Senlisien.

SIMON GOVLART SENLISIEN AYANT EMPLOYE' LX. ANNEES, DE LXXXVI. QV'IL A VESCV A PRESCHER LA VERITE' A GENEVE, REMPLI L'EVROPE DE PLVSIEVRS LIVRES, EN LA DOCTRINE ET MVLTIPLICITE' DESQVELS CHACVN ADMIRE CELLE DES DONS QV'IL AVOIT RECEVS DV CIEL, CEPENDANT TOVSIOVRS FOVRNI A SA CHARGE, IVSQVES A LA DERNIERE SEMAINE DE SA VIE: LES SEPT IOVRS DV SILENCE DE SA CHAIRE REMPLACEZ PAR L'ESCHOLE DE SON CHEVET: EN FIN EN VNE SAISON OV LES SIENS AVOYENT BESOIN D'EXEMPLE DE CONSTANCE, IL A IVSTIFIE' SES ESCRITS SVR LE MESPRIS DE LA MORT PAR SES CONTENANCES IOYEVSES ET PROPOS D'EXVLTATION CONTINVEZ PARMI LES HOQVETS ET DERNIERS FVMEAVX:

Ainsi la mort le deliure
Plein de ioye & nous d'ennuy,
Lui rassasié de viure
Et nous affamés de lui.

FIN.

www.ingramcontent.com/pod-product-compliance
Lightning Source LLC
Chambersburg PA
CBHW070849030726
47504CB00005B/1273